AF066156

KLEINE ÄGYPTISCHE TEXTE

HERAUSGEGEBEN VON WOLFGANG HELCK

LITERARISCHE OSTRAKA
DER RAMESSIDENZEIT IN ÜBERSETZUNG

1986

OTTO HARRASSOWITZ · WIESBADEN

LITERARISCHE OSTRAKA DER RAMESSIDENZEIT IN ÜBERSETZUNG

VON

HANS-WERNER FISCHER-ELFERT

1986

OTTO HARRASSOWITZ · WIESBADEN

CIP-Kurztitelaufnahme der Deutschen Bibliothek

Literarische Ostraka der Ramessidenzeit in Übersetzung / von Hans-Werner Fischer-Elfert. — Wiesbaden: Harrassowitz, 1986.
(Kleine ägyptische Texte)

ISBN 978-3-447-02611-6

NE: Fischer-Elfert, Hans-Werner [Hrsg.]

© Otto Harrassowitz, Wiesbaden 1986
Alle Rechte vorbehalten
Photographische und photomechanische Wiedergabe nur mit ausdrücklicher Genehmigung des Verlages
Gesamtherstellung: BOD, Hamburg
Printed in Germany

Otto Harrassowitz GmbH & Co. KG
Kreuzberger Ring 7c-d, D-65205 Wiesbaden,
produktsicherheit.verlag@harrassowitz.de

Für Barbara, Dorothea, Selke,
Eckhard, Heinz-Michael und Wolfgang

Inhaltsverzeichnis

I. Lehrhafte Texte

1. Anfang einer Erziehungslehre
   (Č-G; HO I, pl VI 1 = oGardiner 2) 1
2. Ein Vorwurf (POSENER, Catal. II, DeM 1217) 5

II. Verwünschung des "Heißmauls zum Osten"
   (Č-G, HO I, pl. VII 5 = oLeipzig 8) 8

III. Hymnen, Gebete und Verklärungen

1. Hymnen

1.1. An einen anonymen Schöpfergott
   (Č-G, HO I, pl. XCIII 3 recto = oGardiner 308) 13

1.2. An den "Großen Nun"
   (Č-G, HO I, pl. XCIII 1 = oGardiner 301) 19

1.3. An Thot
   (POSENER, Catal. I, DeM 1101 u. 1180) 23

1.4. Anfang eines Nilhymnus
   (POSENER, Catal. I, DeM 1105) 29

1.5. An den Nil
   (POSENER, Catal. III, DeM 1675 rt. u. vs.) 31

2. Gebete

2.1. Gebet und numerischer Hymnus an Amun
   (POSENER, Catal. III, DeM 1409) 63

2.2. Gebet an Thot als Mond
   (POSENER, Catal. II, DeM 1262 verso) 68

2.3. An Mut
   (POSENER, Catal. III, DeM 1638) 70

3. Verklärung

3.1. Verklärung eines "Osiris NN"
   (POSENER, Catal. III, DeM 1441) 74

IV. Index besprochener äg. Wörter 87

Vorwort

Ein nicht unerheblicher Teil der in der Zwischenzeit publizierten literarischen Ostraka harrt noch immer der Bearbeitung. Einer der ausschlaggebenden Gründe mag deren bisweilen äußerst fragmentarische oder singuläre Überlieferung sein[1]. Die hier behandelten Texte zeichnen sich aber - von wenigen Ausnahmen abgesehen - durch einen relativ guten Erhaltungszustand aus. Ihre Auswahl ist ziemlich willkürlich vorgenommen worden.

Von herausragender Bedeutung erwies sich insbesondere der bereits 1951 von Charles KUENTZ[2] kurz angezeigte Nilhymnus des Ostr. DeM 1675, der zwar einige motivische Anleihen beim "klassischen" Nilhymnus des Pap. Sallier II vornimmt, im übrigen jedoch völlig eigene Wege geht. Seine eindringlichen Naturbeobachtungen, die gelegentlich an die Jahreszeitenreliefs der "Weltkammer" des Niuserre (ed. EDEL/WENIG) erinnern, sowie der breite Raum, den die Schilderungen der maat-gemäßen sozialen Zustände während der Überschwemmungszeit einnehmen, heben ihn weit über seinen literarischen Vorläufer heraus.

Religionshistorisch nicht uninteressant dürfte der an Thot als Demiurgen gerichtete zweistrophige Hymnus der Ostraka DeM 1101 u. 1180 sein, hier Text III. 1.3., p. 23 ff. Die Art des Schöpfungsvollzuges wird durch eine kaiserzeitliche Inschrift im Tempel zu Esna beleuchtet. Nicht minder bemerkenswert ist der formale (metrische) Aufbau dieses kleinen Textes.

Als letztes sei nur noch auf den unter Nr. II. aufgeführten Text mit der Verbannung des *šm-r3* - Heißmauls zum Osten aufmerksam gemacht. Er enthält ein für seine Zweckbestimmung entscheidend abgewandeltes Zitat aus dem großen Hymnus auf Sesostris III. aus Kahun, das m.E. Aufschluß

---

[1] zwei weitere, hier nicht wiederaufgenommene literarische Produkte des ramessidischen Schulbetriebs sind bereits in SAK 10, 1983, 151-156 und l.c., 11, 1984 (FS HELCK), 335-345, bearbeitet worden.

[2] s. das Summary in: Proceedings of the Twenty-Second Congress of Orientalists (Istanbul 1951), vol. II, 1957, 612/13. - Hier Text III. 1.5., p. ff.

über den Grund der Verwünschung wie über das Delikt, dessen sich das "Heißmaul" schuldig gemacht hat, gibt.

Der Übersetzung wurden durchgehend die von G. FECHT erschlossenen metrischen Regeln zugrundegelegt, wobei nur in Zweifelsfällen expressis verbis auf diese verwiesen wird. Die zusätzliche Erarbeitung eines jeden der hier übersetzten Texte mit Hilfe der konkurrierenden Formanalyseverfahren von J.L. FOSTER, G. BURKARD und I. SHIRUN-GRUMACH ist aus Raumgründen unmöglich. Da überdies die Metrik im Sinne von FECHT immer noch bei weitem die linguistisch wie philologisch am saubersten und detailliertesten fundierte Methode darstellt, wurde ihr der Vorzug gegeben. Eventuelle Fehler in der korrekten Ermittlung der Versgrenzen sollen damit aber nicht ausgeschlossen werden.

Es wird versucht, den textkritischen wie sachlichen bzw. inhaltlichen Kommentar möglichst knapp zu halten. Da es sich allerdings um Erstübersetzungen handelt, ist den Texten mit einer ausschließlichen Bereinigung ihrer zahlreichen orthographischen Eigenheiten und Verderbnisse kein Genüge getan.

Für die Aufnahme dieser Arbeit in die Reihe der "Kleinen Ägyptischen Texte" habe ich dem Herausgeber, Herrn Prof. Dr. Wolfgang HELCK, zu danken. Bei der Behandlung der im Nilhymnus von DeM 1675 auftretenden zahlreichen Details konnte ich mich auf die bewährte Mithilfe und das Interesse von Herrn Dr. Lothar STÖRK stützen.

Zeichenerklärung

< > Ergänzung von im hieratischen Text ausgefallenen und sicher ergänzbaren Wörtern

( ) sinngemäß ergänzte Wörter in der Übersetzung

[ ] Ergänzung zerstörter Partien

{ } Tilgung redundanter Wörter oder Radikale

I.1. Anfang einer Erziehungslehre

(ČERNÝ - GARDINER, Hieratic Ostraca I, 1957, pl. VI 1 = O GARDINER 2)

Lit.: bisher unbearbeitet

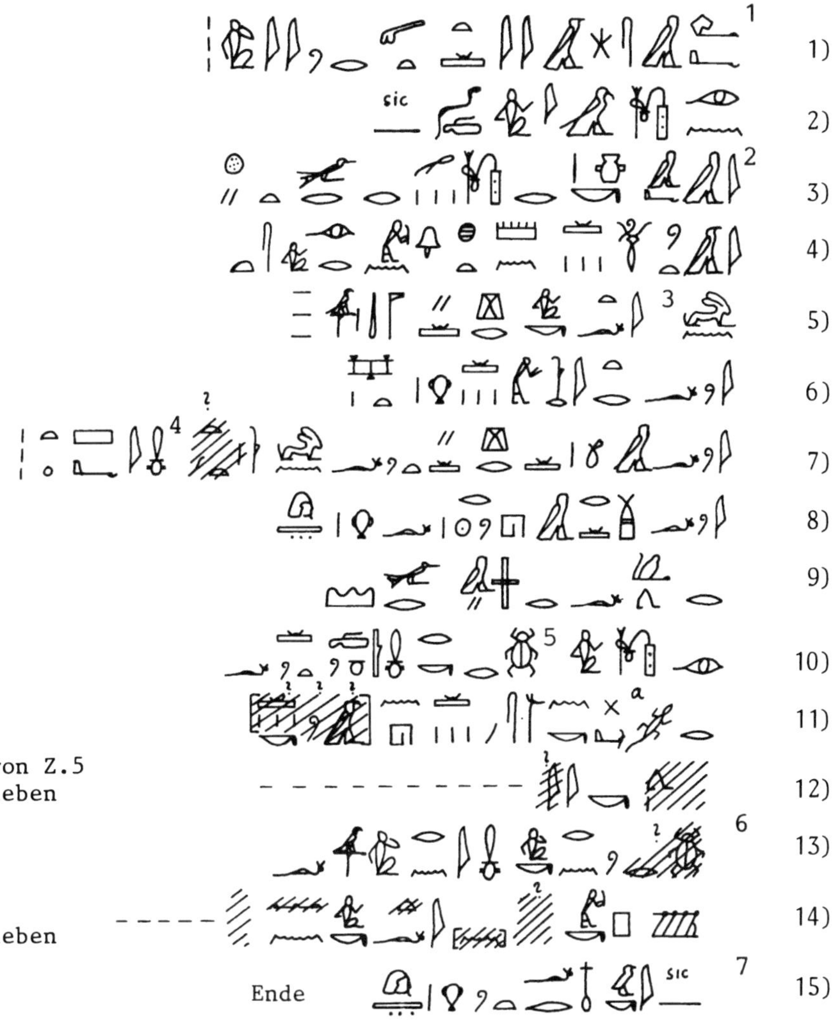

a) Č-G: , von  aber keine Spur vorhanden.

Übersetzung:

1) Anfang in der Erziehungslehre,[a)]
2) die der Schreiber Hori verfaßt hat, der zu [---(?)] sagt:[b)]
3) Setze dein Herz an die Schriften, gar sehr, sehr,[c)]
4) (an) das erfolgreiche Amt für den, der es ausübt.[d)]
5) Als dein Vater unter den Gottesworten war,
6) wurde er begrüßt auf dem Weg.[e)]
7) Er war in guter Verfassung infolgedessen, es waren Jahre wie Sand,[g)]
8) indem er ausgestattet war zu seiner Zeit auf der Erde,[h)]
9) bis er zum Westen gelangte.[i)]
10) Werde Schreiber, daß du so werdest wie er,[j)]
11) damit dir Reichtümer zahlreich vorhanden sind zu deiner [Zeit(?)].[k)]
12) Dein [Schritt(?)] sei [---].[l)]
13) Dein Name werde so wie sein Name.[m)]
14) Mögest du einnehmen [den Platz(?)] deines Vaters, ohne [---],[n)]
15) damit es dir gut gehe auf der Erde (= zu Lebzeiten).[o)]

a) *sb3jj.t-mtr.t* im Sinne von "Erziehungslehre" nach SPIEGELBERG, in: ZÄS 53, 1917, 115.

b) entweder ist *ḏd n-* zu lesen, "der sagt zu ...", und der Adressat ist ausgelassen, oder —— steht für , also "er sagt:".

c) *jmj-jb=k* "gib dein Herz (daran)" typisch für Schülermahnungen, cf. pAn. V 8,6; III 6,3 (folgt *jr-zẖ3w* - "werde Schreiber!"). pCh.B. V rt. 5,5 heißt es: *jḫ-dj=k-ḥr=k r-zẖ.w* "mögest du deine Aufmerksamkeit auf die Schriften richten".
 betrachte ich analog zu *r-jqr-jqr* als univerbierte Reduplikation; s. FECHT, Liter. Zeugnisse, 36 L 1, u. ders., in: MDAIK 19, 1964, 85 Text Z. 6, 91f.

d) laut pLansing 1,2 ist "Gefolgsmann des Thot der schöne Name dessen, der es ausübt (*n-j.jr-sw*)", scil. [*t3-j3w.t*]-*šps(.t)* - "das vornehme Amt".

e) auch Sinuhe wird von einem Mann *m-rꜣ-wꜣj.t* "am Rande des Weges" begrüßt (B 11), wohl, weil er vornehme Kleidung trug. Nach pCh.B. V rt. 5,10 wird "jeder Mann wegen seines Amtes begrüßt/geachtet" (*tr-tw-zj-[nb(?)] ḥr-jꜣw.t=f*). Der Lehrer des pCh.B. IV vs. 4,7 rät: *tr-kjj tr-<tw=k>* - "respektiere den Anderen, so daß <du> respektiert <werdest>", s. GARDINER, HPBM, IIIrd series, text, 41.

f) ob *ẖr=f* sich auf *mdw-nṯr* bezieht, was dann Sg. sein müßte? Dafür spricht, daß es ja auch *ẖr-mdw-nṯr* heißt. Als Übersetzung mag auch "es ging ihm gut durch sie" gestattet sein. Zu *ẖr* "of *cause*" s. GEG, § 166.3.

g) Ramses VI. sind laut pTurin (P&R) 20,10 *[dd]-n=f rnp.wt mj-šʿj* - "Jahre wie Sand [gegeben]"; z. St. V. CONDON, Seven Royal Hymns, 1978, 15.10. 14.10. BARGUET, in: BIFAO 50, 1952, 60 n. 2, zitiert noch eine Stele Ramses'II., wonach die Jahre des Königs "zahlreicher sind als die Sandkörner des Ufers". Allerdings muß ich gestehen, daß die Schreibung , wenn so richtig transkribiert, sehr unorthodox und etwas suspekt erscheint.

h) *hrww* steht hier für *hꜣw* "Zeit", mit dem es ja lautlich bereits weitgehend zusammengefallen war. Zu dieser Erscheinung s. GARDINER, LES 85a, n. 1,1d mit weiteren Belegen.

i) in pCh.B. IV vs. 6,5 wird dem zukünftigen Schreiber geraten: *jr-s gm=tw-rn=k pḥ=k-jmj-wr.t* - "tue es, damit man deinen Namen finde und du den Westen erreichst".

j) *jr-zẖꜣw* - "werde Schreiber!", eine der Standardermahnungen in den Miscellanies; pCh.B. IV vs. 2,13; 3,11; 4,3; V rt. 5,9; pAn. III 6,3; pSall. I 6,10 u. Varr.; pLans. 7,5.7; 10,9 u.ö.

k) daß das Schreiberamt zu Reichtum und Wohlstand führen kann, geht auch aus der Formulierung *nḏm ʿšꜣ-ꜣḫ.t-pꜣjj=k-gstj pꜣjj=k-rꜣ-ʿ-zẖ.w* hervor: "angenehm und reichhaltig ist der Ertrag deiner Palette und deiner Schreibutensilien" nach pAn. V 11,1 u. Varr.

Das letzte Wort des Verses habe ich zu *h[ꜣw]=k* - "deine Zeit" oder "deine Nähe, Umgebung" ergänzt (Wb II 477f.). Das Faksimile gibt leider nichts her.

wsr.w "Reichtümer" nach Wb I 363,1 mit uns. St., s.a. Amenemope 10,6.

l) ob 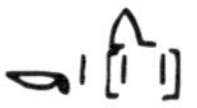 *nmt.t=k* zu lesen, also "dein Schreiten, d. Schritt"? Als sinngemäße Parallele kann ich pLans. 8,2 anbieten: *šm=k wsṯn-tw ḥr-wꜣj.t* - "du gehst ungehindert daher auf dem Weg (als Schreiber)". Leider verhindern das  und der Rest des nächsten Zeichens die Ergänzung *wsṯn*, womit wir dann den laut Wb I 367,16-19 (esp. 16

"oft mit Suffix bei *nmt.t*") häufigen Ausdruck *wsṯn-nmt.t*, hier also *nmt.t=k-wsṯn*, vor uns hätten. Oder ist das erste  nur ein unvollständiges  ?

m) als ungefähre Parallele vgl. pCh.B. IV vs. 2,13-3,1: "(Werde Schreiber, setze es in dein Herz), damit es deinem Namen genauso ergehe (*ḫpr-rn=k m-mjtt*)", nämlich wie dem der "klassischen" Weisheitslehrer.

n) die Zeichenspuren nach *šzp=k* sind mir unklar, sie scheinen den Vorschlag [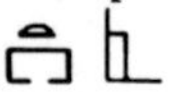], "Platz", nicht gerade zu bestätigen. Stellen wie pAn. V 12,4: *jw=k-m-tꜣ-s.t n-pꜣjj=k-jtj*; oder pAn. III 7,9: *wn=k-mn=tw r* (lies: *ḥr*)-*s.t-jtj=k* - "mögest du (Kg. Merneptah) dauern am Platz deines Vaters", haben mich dazu geführt.

o) vor *jw=k* kann ebensogut für  stehen, allerdings habe ich für *n* + Präs. II mit Pspt. als Präd. kein weiteres Beispiel zur Hand.

Der Lehrer Hori ermahnt seinen (ungenannten) Gehilfen oder Schüler, den Vater als Vorbild nachzuahmen und seine Stelle bei den "Gottesworten" einzunehmen[1], was zum Standardrepertoire der Weisheitsliteratur zählt.

Diese kleine Lehre hält sich hinsichtlich Thematik und Phraseologie ganz im Rahmen dessen, was uns aus anderen zeitgenössischen Quellen bekannt ist, insbesondere aus dem Korpus der Miscellanies.

[1] zum Vater als Vorbild in der Lehre s. BRUNNER, Altäg. Erziehung, 64f. und ASSMANN, in: TELLENBACH (Hrsg.), Das Vaterbild in Mythos und Geschichte, 12-49, spez. 20ff.

I.2. Ein Vorwurf

(POSENER, Catalogue des ostraca hiératiques littéraires de Deir el-Médineh, t. II, pl. 49 = DeM 1217)

Lit.: bisher unbearbeitet

Ende  1) 2) 3) 4)

a) Spuren von  vorhanden.
b) oder  mit POSENER.

Übersetzung:

1) Wie wirst du reagieren[a)], wenn[b)] ich zu dir sage:[•]
2) "Gnädig [sei dir] Amun![•c)]
3) Du bist wie eine Säule[d)] aus Schilfrohr,[•]
4) unter der eine Basis[e)] aus Kupfer ist".•

a) lit. "wie wirst du sagen?"

b) *m-dj* kann hier wegen folgendem *sḏm=f* nur für *m-ḏr* stehen, s. ERMAN, Neuäg. Gramm., §§624/5.

c) *ḥtp-[n]=k* - "gnädig sei dir"; Wb III 189,11.

d) *wḫ* - "Säule, Pfeiler"; Wb I 352,12-16.

e) *sp.t* als "Basis" einer Säule Wb IV 100,18.

"Säule" und "Pfeiler" stehen im äg. metaphorischen Sprachgebrauch gewöhnlich für "Standhaftigkeit, Festigkeit", auf die man sich stützen kann[1]. Vom Schilf wird dessen stets wiederaufkeimendes Wachstum und Grünen betont[2]. Der Kernpunkt des hier vorliegenden Vergleichs des (noch zu ermittelnden) Adressaten mit einer Schilfsäule auf metallener Basis liegt in dem Mißverhältnis zwischen der Zerbrechlichkeit und dem Schwanken der Pflanzensäule und deren unzerstörbarem und vor allem unbeweglichen Fundament andererseits.

Bevor wir uns der Frage nach der Identität von Sprecher und Adressat des Vorwurfs zuwenden, sei zunächst eine Passage aus einem sehr wahrscheinlich der unmittelbaren Nach-Amarnazeit entstammenden Hymnus an Amun besprochen, in der dieser in folgender Weise charakterisiert wird[3]:

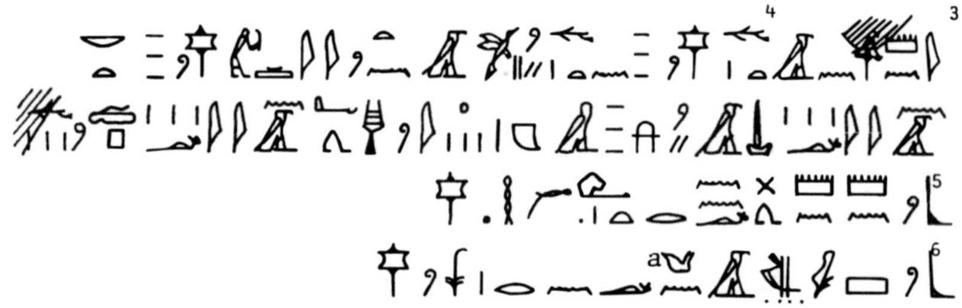

a) oder .

In ASSMANNs Übersetzung:

"Amun, du doppelstämmiger Mastbaum,
der jedem Wind standhält(?),
dessen Fuß(?) aus Kupfer ist, dessen [ ] stehen,
der nicht schwankt vor dem Nordwind,
der sich nicht beugt(?) vor dem Südwind".

Das genaue Verständnis dieses Abschnitts wird leider noch durch einige lexikalische Unklarheiten erschwert. Dazu gehört auch das in unserem Zusammenhang besonders interessierende 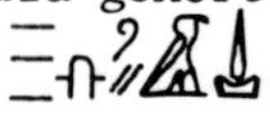. Ohne das Wort etymologisieren zu können, muß ausgehend vom Kontext damit der "Mastfuß"

---

[1] GRAPOW, Bildl. Ausdrücke, 164.

[2] ders., o.c., 101/102.

[3] ČERNÝ - GARDINER, Hieratic Ostraca I, 1957, pl. LXXIX, rt. 3-5 = ASSMANN, ÄHG, Nr. 190, 8-11.

bezeichnet sein. Stimmt diese Deutung, dann entspricht *ḏ3wj* der *sp.t*- unserer Schilfrohrsäule. So wie Amun als Mastbaum weder vom Süd- noch vom Nordwind bewegt werden kann, so wird die Schilfsäule im Gegensatz dazu als vor jeglichem (leichten) Wind daherschwankend zu denken sein. Wird der Vergleich des Vorwurfes in dieser Weise in Gedanken weitergeführt, dann liefert uns die Ermahnung des Lehrers in pSall. I 5,5[4] bei der Interpretation unseres kleinen Textes schließlich den entscheidenden Fingerzeig. Der Oberarchivar Amenemone rät seinem Schüler nachdrücklich:

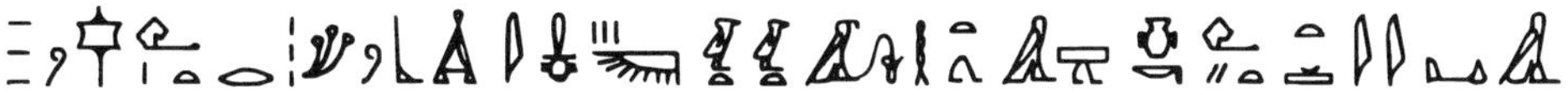

"Laß' dein Herz nicht gehen, indem es daherflattert wie Blätter vor dem Wind!"

Es werden der Müßiggang und die Vergnügungssucht des Schülers angeprangert.

Im Lichte dieser Belehrung darf der als rhetorische Frage[5] zu verstehende Text von DeM 1217 ebenfalls als Rede eines Lehrers an seinen Schüler angesehen werden. Die "metallene Basis" kann dann nur eine Metapher für das Schreiberamt oder die "Schriften" (*zẖ.w*) sein, die dem Schüler Halt geben könnten, denen er sich aber offensichtlich durch sein unstetes Verhalten zu entziehen sucht.

---

4 GARDINER, LEM, 82, 6-7.

5 so eher denn als "repartie ironique", wie POSENER in seiner Beschreibung meint; Catalogue II, Nos. 1109-1266, fasc. 3, 1972, 30.

II. Verwünschung des "Heißmauls zum Osten"
(ČERNÝ - GARDINER, HO I, pl. VII 5 = O Leipzig 8)
Lit.: erwähnt bei J.F.BORGHOUTS, in: GM 38, 1980, 24

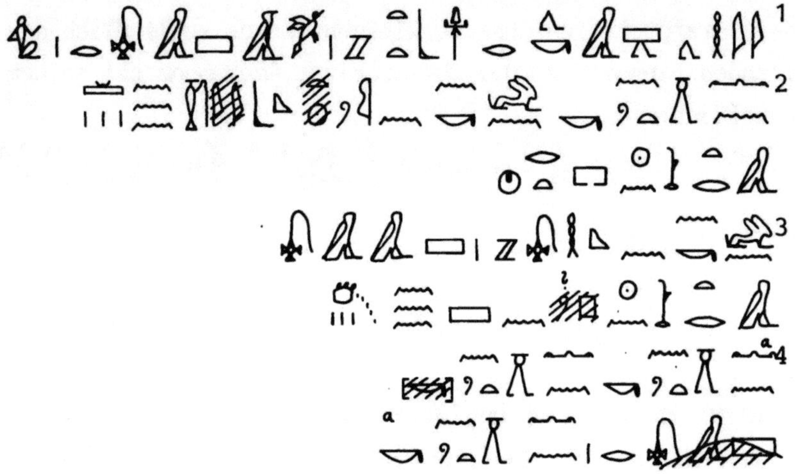

1)
2)
3)
4)
5)
6)
7)

Ende

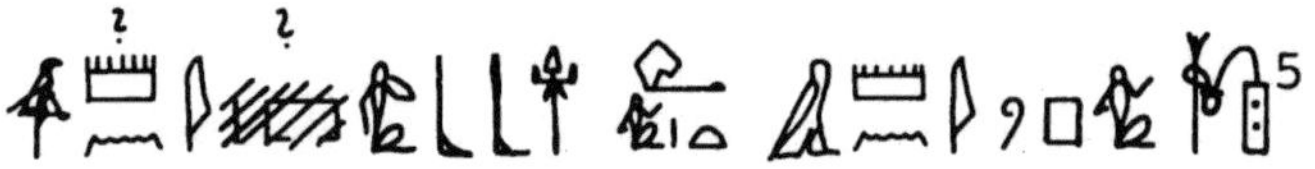

a-a) Text nach links in die Zeile eingerückt.

Übersetzung:

1) Auf, geh' du zum Osten, du Heißmaul!
2) Nicht sollst du zurückgeholt werden, sondern angehören dem kühlen Schatten
3) in der Zeit des Winters.
4) Du sollst angehören dem heißen Winkel[a)]
5) in der Zeit des Sommers.
6) Nicht sollst du zurückgeholt werden, nicht sollst du zurückgeholt werden,

7) Heißmaul, nicht sollst du zurückgeholt werden.

(Unterschrift:)

Der Schreiber ist es, Amenemhet, der sich nach dem Amuntempel sehnt(?)[b)]

a)  = *q*^{c}*ḫ*-"Winkel, Ecke, Seite" (Wb V 19-20).

b) ^{3}b-"sich nach einem Ort sehnen" mit dir. Obj. (Wb I 6,27)

Bezüglich des Typus des  stellt sich die Frage, ob dieser mit dem bei Ptahhotep (P 211) genannten  "Schwätzer" (Wb IV 465,16) identisch ist oder mit dem *šm/šmm/šmw* - "Heißen" in der Lehre des Amenemope, die auch mehrfach vor dem t^{3}-r^{3} - "Heißmäuligen" warnt (5,10; 12,16). M.E. sind in unserem *šm-r3* beide Begriffe, *šm* u.ä. wie t^{3}-r^{3}, zu einem einzigen zusammengewachsen und weisen darauf hin, daß der Unterschied zwischen ihnen ein rein terminologischer ist. Es handelt sich demnach um nur éinen negativ bewerteten Typ.

Dieser "Heißmäulige" wird nun zum Osten statt zum Westen verwünscht. Damit ist der ihm gebührende Lebensraum gemeint. In der *prj.t*-Jahreszeit soll ihm die ohnehin spärliche Sonnenwärme vorenthalten werden, in der heißen *šmw*-Zeit hingegen soll er, der Sonne ausgesetzt, in einem glühenden Winkel schmoren. All' diese Drohungen haben den einen Zweck, ihn aus der menschlichen Gemeinschaft, im Jenseits (s. *j*^{3}*btt* statt *jmntt*) wie im Diesseits, auszustoßen[1].

Versucht man nun, die Art des Vergehens, dessen sich der *šm-r3* schuldig gemacht haben könnte, näher zu bestimmen, dann hilft hier vielleicht eine Passage aus dem "Liederkranz zu Ehren Sesostris'III."

---

[1] laut pBologna 1094;2,6 (= pAn. II 6,7) soll Amun den "Lügner ($^{c}\underline{d}^{3}$) richten, indem er ihn zum Osten gibt". Das hier mit "Osten" wiedergegebene  bzw.  entspricht möglicherweise kopt. (ⲘⲀ-Ⲛ)ϢⲀ "Aufgangsort (der Sonne)"; dazu FECHT, Liter. Zeugn., 40 und MORENZ, in: ZÄS 82, 1957, 63f. S.a. YOYOTTE, Le jugement des morts, Sources Orientales 4, 1961, 41f. Cf. Tb 93 und 176, 1. Vers.

weiter. Die Verse 2-5 unseres Ostrakons weisen nämlich eine verblüffende Übereinstimmung mit zwei direkt aufeinanderfolgenden[2] Versen im 3. Lied jenes Hymnus auf (pKahun II,17-18). Der Text lautet[3]:

In der Übersetzung ASSMANN's[4]:

"Ein frischer Schatten ist er, kühl im Sommer ...
Ein warmer Winkel ist er, trocken zur Zeit des Winters".

Es werden abgesehen von dem an *šw.t* angeschlossenen Adj. *j3ḫtt* exakt dieselben Wortverbindungen verwendet, als Lobpreis auf die Wohltaten eines Königs natürlich unter richtiger Zuweisung des begehrten "Schattens" zur "Sommerhitze" und des "warmen Winkels" zur "Winterzeit". Auch die Reihenfolge ist identisch. Lediglich die Jahreszeiten sind im hier behandelten Text vertauscht[5].

Falls eine direkte Beeinflussung durch den Illahun-Hymnus vorliegt, dann zielt die mit allem Nachdruck formulierte Verwünschung darauf, dem "Heißmaul" die Wohltaten und den Leben gewährenden Schutz von seiten des Königs zu versagen. Als konkreter Grund hierfür ließe sich Majestätsbeleidigung denken, woher denn auch die Benennung des Frevlers als *šm-r3*[6] rühren mag.

Das viermal erscheinende *nn-jn-tw=k* verleiht dem Text einen magisch-beschwörenden Charakter. Darf der "7" als Gesamtverszahl ir-

---

[2] unter Auslassung des dazwischen mitzulesenden Refrains *wr-wj nb n-nw.t=f*.

[3] in: SETHE, Lesestücke, 67,8-10.

[4] ÄHG, p. 478/9.

[5] die Verkehrung der Reihenfolge der Jahreszeiten bildet die erste Klage in einem Gebet an Amun in pAn. IV 10,1-10,5, bearbeitet zuletzt von FECHT, Liter. Zeugnisse, 58-62.

[6] nur am Rande sei noch vermerkt, daß in der von SCHOTT behandelten "Deutung der Geheimnisse des Rituals für die Abwehr des Bösen", 1954, (93), altäg. *šmm-r3* durch neuäg. *ḏd-bjn r* - "böse reden gegen..." übersetzt wird. - Ist *śmm-r3=k̄ (= jw=k-ḏd-bjn)*, o.c., (77), Druckfehler für *šmm-r3=k*?

gendeine die Wirksamkeit der Verwünschung unterstützende Bedeutung beigemessen werden, dann sei hier an die zumeist in 7-facher Ausfertigung auftretenden Knoten der Amulettschnüre erinnert. Diese dienen nach allgemeiner Lehrmeinung in der äg. Magie dazu, jeglichen Dämonen den Weg zum Amulett und damit zu seiner Zerstörung und daraus resultierenden Wirkungslosigkeit zu versperren[7]. Übertragen auf unseren Text hieße das, daß jedem einzelnen Vers, und darunter insbesondere dem viermaligen "nicht wirst/sollst du zurückgeholt werden", eine solche, dem *šm-r3* den Rückweg blockierende Funktion zukommt.

Die apotropäische Wirkung wird noch durch die dem Text innewohnende Gliederung gesteigert, die so augenfällig ist, daß sie hier nicht übergangen werden darf. Adressat des "Bannspruches" ist der *šm-r3*. Dieser wird zweimal angerufen: am Ende von Vers 1 als *p3-šm-r3*, am Beginn von Vers 7 einfach als *šm-r3*, so daß die Position dieses thematischen Stichwortes bereits auf eine Rahmung des Textes schließen läßt. In Vers 4 lautet das letzte Wort *šmm* - "heiß, glühend" in der Verbindung *qcḥ-šmm*, das über seinen lautlichen Anklang an *šm-(r3)* hinaus auf engste mit diesem etymologisch verwandt ist, ja nichts weiter als eine Wurzelerweiterung auf */m/* darstellt. Die Verse 1, 4 und 7 bilden sozusagen das Gerüst, um das die übrigen Verse sich geradezu symmetrisch ranken. Wie Vers 2 durch *nn-jn.tw=k* eingeleitet wird, so auch Vers 6. Gleichfalls auf der Wiederholungsfigur der Anapher beruhend, heben sich die Verse 3 und 5 (*m-tr-n-...*) aus ihrer Umgebung heraus. Der Textplan ist also zentrierend: Vers 4 nennt den Ort im Osten (*j3btt*), an dem das "Heißmaul" "schmoren, verbrennen" soll. Der Mittelpunkt des Textes markiert gleichzeitig seinen endgültigen Untergangsort. Aufgrund seiner Rahmung und seiner einzelnen auf das Zentrum ausgerichteten Glieder dürfen wir den Text unter formkritischem Aspekt als Ringkomposition klassifizieren.

---

[7] dazu u.a. SAUNERON, in: KEMI 20, 1970, 9 und fig. 1 auf p. 8. (= BRUYERE, FIFAO 26, 1948-51, 72 fig. 17 oben).

Nachstehende Skizze macht die über den Text verteilten rekurrenten Stichworte und Anaphern transparent:

- 1) ... *(p*^{3}*)-šm-r*^{3}
    - 2) *nn-jn.tw=k*
        - 3) *m-tr-n-...*
- 4) ... *(q*^{c}*ḥ)-šmm*
        - 5) *m-tr-n-...*
    - 6) *nn-jn.tw=k*
- 7) *šm-r*^{3} ...

III.1. An einen anonymen Schöpfergott

(ČERNÝ - GARDINER, HO I, pl. XCIII 3 recto = O GARDINER 308)

Lit.: bisher unbearbeitet

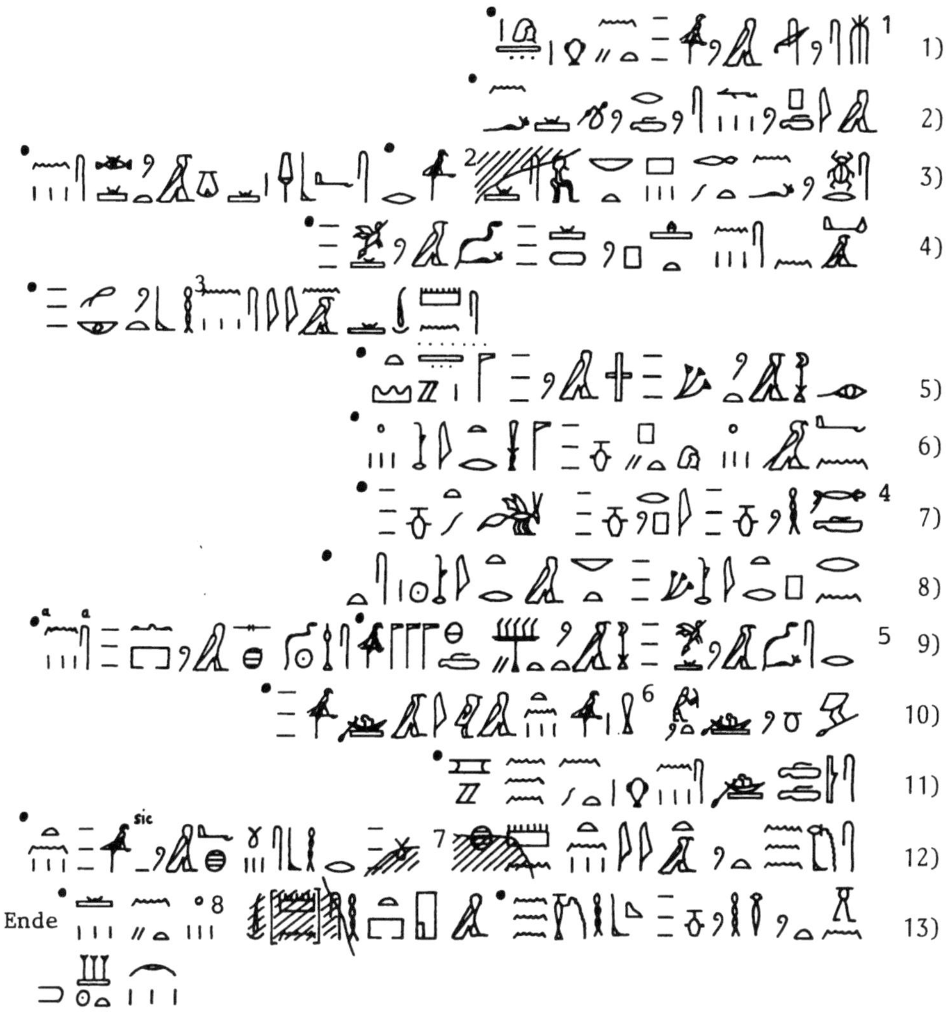

a-a) über der Z. nachgetragen.

Übersetzung:

1) Der die Abbilder geschaffen hat, die auf der Erde sind,•[a)]
2) mit dem Mobiliar, das er hergestellt hat.•[b)]
3) Alle kostbaren (Halb)edelsteine hat er entstehen lassen,•
um ihre Kapellen zu schmücken.•[c)]
4) Der ihnen Opfer und Speisen gibt,• der ihre Ritualbücher festsetzt,•[d)]
5) der die *ḫ*^{3}*w*-Blumen schafft, die im Gottesland sind,•[e)]
6) Myrrhe, feinstes Öl und Weihrauch,•[f)]
7) *šdḥ*-Getränk, Wein und Honig,•[g)]
8) alle Kräuter zu ihrer Zeit,•[h)]
9) um den Altar der Neunheit mit Speisen zu versehen,• so daß ihre
Allerheiligsten leuchten.•[i)]
10) Man rudert Eure Majestäten in Barken,•[j)]
11) wenn sie dahinfahren auf der Flut.•
12) Man reinigt eure *mnḫ.t*-Gewänder, um eure Idole zu bekleiden.•[k)]
13) Man holt kühle Libationsgefäße aus dem Natronhaus ...•(?)[l)]
3. Achet, Tag 10.

a) *sšm.w* sind die "Prozessionsbilder" der Götter; s. die Erörterung bei OCKINGA, Gottebenbildlichkeit, ÄAT 7, 1984, 41ff. *ms* der Form nach imperf. akt. Part. In Zusammenschau mit den folgenden Verbalformen *srwḏ-n=f* und *sḫpr-n=f* bietet sich jedoch eher eine perf. Übersetzung an.

b) ich lese *srwḏ-n=f*, "das er hergestellt (lit. "fest gemacht") hat"; s. Wb IV 194,12, "Gerätschaften, Waffen gut herstellen". *jpdw* ist hier das "(Tempel)inventar, -mobiliar".

c) *g*^{3}*.wt* ist falsch determiniert, gemeint sind natürlich die *g*^{3}*j.t*-Kapellen, s. Wb V 150,1-4. Das Suff. *=sn* bezieht sich auf die *sšm.w*-Prozessionsstatuen.

d) zu  bei 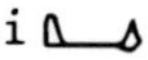 s. SETHE, Verbum, § 940.2, danach imperf. akt. Part. Das Spenden von Opfern etc. an die Götterbilder ist eine ständige Einrichtung und keine einmalige Handlung, die in der Vergangenheit stattfand wie das Bilden von Götterstatuen etc. (V.1-3).
ḥ(^{3}*)b.wt* ist die "Festordnung", das "Ritualbuch", aus dem hervorgehen wird, wieviel von welchen Opfergaben (s. *ḥtp.w* und *ḏf*^{3}*.w*)

die *sšm*-Statuen im einzelnen erhalten (Wb III 61,1-4). Bezogen auf die u. V.10f. erwähnten Barkenfahrten mag sich auch einfaches *ḫ(ꜣ)b.w* "Feste" hinter der Schreibung verbergen. Dann hieße *smn-ṅꜣjj=sn-ḥꜣb.w* "der ihre Feste (hinsichtlich des Datums) festsetzt".

e) *ḫꜣw* (Wb III 221,4) ist eine Pflanze, die u.a. aus Punt angeliefert wird, das ja hier durch *tꜣ-nṯr* umschrieben ist. Ihre Identifizierung steht noch aus. Nach pHarris I 47,7.8 ist sie von "süßem Duft" (*nḏm-sṯj*).

f) *ꜥntw* und *tpt* in dieser Folge auch Sin. B 288/9. Lesung *ꜥntw* (statt *ꜥntjw*) nach EDEL, in: ÖAW, 375. Bd., 1980, 46-48.

g) *šdḥ* scheint eine bestimmte Art von Wein zu sein, entzieht sich jedoch immer noch einer exakten Identifizierung; s. ABD ER-RAZIQ, in: MDAIK 35, 1979, 230. 234; HELCK, Materialien, 737f.; BERLANDINI-GRENIER, in: BIFAO 74, 1974, 4 n. 3. Nach pAnastasi I 5,2-3 muß es das geschmackliche Gegenstück zum wohl bitteren *pꜣwr*-Getränk gewesen sein.

h) *rnp.wt* graphisch kontaminiert aus *rnp.t* "Kraut" und *ptr/j* "sehen". Ähnlich als 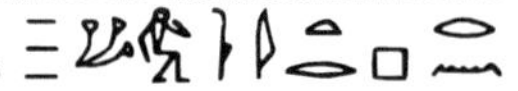 in DeM 1675 rt. 13: "Kraut + Jüngling". Zu *tr* als "Zeitpunkt von Naturerscheinungen" s. Morenz, Äg. Religion, 80ff., esp. 82.

i) *sḥḏ* könnte auch als Part. verstanden werden, "der leuchten läßt...". Ich verstehe das "Leuchten, Hellsein" der Heiligtümer (im übertragenen Sinne) als Folge ihrer vorschriftsmäßigen Ausstattung mit allerlei duftenden Blumen, Getränken etc. und nicht zuletzt infolge der "kostbaren Edelsteine" (V.3). S.a. DeM 1675 rt. 20.

j) *ḥm.w=ṯn* "Eure Majestäten", hier als Anrede an die Neunheit oder den göttlichen Hofstaat des angerufenen anonymen Gottes. S. GARDINER, Eg. Gr., 75.

k) das "Reinigen der Gewänder" (der Kultstatuen) geht auf das Entfernen der am Vortage aufgetragenen Salben, bezeichnet also einen der das tägliche Kultbildritual einleitenden Riten. Zum "Reinigen" und "Bekleiden" des Kultbildes als aufeinanderfolgenden Riten des Tägl. Rituals s. BARTA, in LÄ III, 842/3 mit Verweisen.

l) *wdḥ.w* sind "Libationsgefäße", z. Wort s. OSING, Nominalbildung, 675f. u. 748.

Nach einer Stele des Königs Neferhotep (XIII. Dyn.) aus Abydos werden diese Gefäße anscheinend auch im "Goldhaus" "gebildet (*ms*)", s. E. SCHOTT, in: SAK 11, 1984 (Fs-HELCK), 272. Aus der Stele vom 6. Jahr des Taharqa (MACADAM, Kawa I, pl. 8, Z.25-26) geht hervor, daß dieses Gebäude mit "Geräten (*dbḥ.w*) aus Silber, Gold und Bronze

gefüllt" war; s. wieder E. SCHOTT, in: GM 5, 1973, 28 n. 6.
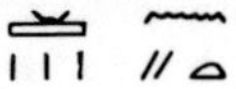 nach *ḥw.t-ḥsmn* mutet suspekt an. Ob sich dahinter leicht verderbtes 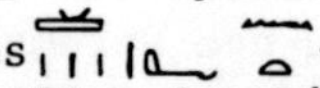 verbirgt? Zu übersetzen wäre dann: "Man holt ... <für> das Ritual". Auf ein Ritual ließ ja bereits das "Reinigen" und "Bekleiden der *ᶜḫm*-Idole" schließen.

Der Text gliedert sich in zwei Abschnitte. Der erste umfaßt die Verse 1-9 und handelt von den Schöpfertaten eines anonym gehaltenen Gottes. Jedoch geht es hier nicht um die Erschaffung der Welt, sondern die Entstehung der irdischen Götterbilder, ihrer Kultstätten und rituellen Versorgung bildet das Thema.

Die Verse 10-13 (= Abschnitt 2) schildern die Durchführung des Kultes, sowohl des anläßlich von Festen begangenen (V.10-11; Thema: Barkenfahrten) wie des täglichen Rituals (V.12-13).

Es bleibt nun nur noch, zu ermitteln, welcher Gott sich hinter Aussagen wie *msj-sšm.w* und *sḫpr-n=f-c3.t-...* etc. verbirgt. Die Verbindung *msj-sšm.w* ist ungemein häufig und insbesondere als Tätigkeit von Königen belegt (Wb II 138,12; MEEKS, Alex Nr. 79.1338, woher auch einige der nachstehend zitierten Belege stammen). Um einen König kann es sich hier jedoch nicht handeln, da dieser z.B. keine Mineralien "entstehen lassen" kann. Diese sind durchwegs göttlichen Ursprungs[1]. Einige Aussagen des 1. Abschnitts rufen aber entsprechende Passagen im "Denkmal Memphitischer Theologie", genauer in der von JUNKER[2] so genannten "Götterlehre von Memphis", in Erinnerung. So heißt es in Z.59-60 von Ptah-Tatenen: *msj-n=f-nṯr.w ... dj-n=f-nṯr.w ḥr-ḫm=sn srwḏ-n=f-p3.t=sn ... stwt-n=f-ḏ.t=sn r-ḥtp-jb=sn* - "Er bildete die Götter,..., er setzte die Götter in ihr Heiligtum, setzte ihre Opferbrote fest, er gestaltete ihren Leib so, daß ihr Herz zufrieden war". Danach konnten "die Götter ihrem Leib einwohnen aus jeglichem Holz, jeglichem Mineral" etc., "in denen sie sich manifestieren". Dieser von JUNKER als "Neuntes Hauptstück" gezählte Abschnitt, der ihm "so gar

[1] dazu ausführlich S. AUFRÈRE, in: RdE 34, 1982-83, 3-21.
[2] Die Götterlehre von Memphis, 1940, 65f.

nicht in den Zusammenhang passen" wollte, wird von LICHTHEIM[3] als eine "celebration of creation by means of a poetic hymn" bezeichnet bzw. als "poem of praise". Genauso läßt sich auch unser Text beschreiben.

Verwendet der Passus auf dem Schabaka-Stein lediglich *sḏm-n=f* - Formen, so mischen sich diese im Text des Ostr. mit dem für Hymnen typischen und durch Partizipien geprägten Nominalstil (*msj*; *dj*; *smn* und *jrj*; evtl. auch *sḥḏ*).

Vergleichen wir nun einzelne Schöpfungsakte des Ptah-Tatenen mit solchen in HO I, XCIII 3 genannten, ergeben sich folgende Entsprechungen:

Schabaka-Stein		HO XCIII 3
Z.59 *msj-n=f-nṯr.w*[4] Z.60 *stwt-n=f-ḏ.t=sn*	←→	*msj-sšm.w*
Z.60 *srwḏ-n=f-p3.t=sn*	←→	*smn-n3jj=f-ḥ3b.wt*
Z.58/ *prj-n-jḫ.t-nb.t-jm=f* 59 *m-ḥtp ḏf3.w ḥtp.t-nṯr.w*	←→	*dj-n=sn ḥtp.w ḏf3.w*

In den aus der Zeit Ramses'II. und III. stammenden "Blessings of Ptah"[5] wendet sich der Gott an den König mit den Worten: *dj=j-qm3-n=k ḫ3s.wt c3.t-nb.t-šps.t* - "Ich lasse die Fremdländer dir alle kostbaren Edelsteine hervorbringen". Vers 3 unseres Textes bemerkt, daß "er alle kostbaren Edelsteine hat entstehen lassen". Weiterhin nimmt Ptah laut Med.-Habu-Variante der "Blessings" mit Wohlgefallen die kultische Fürsorge des Königs zur Kenntnis, wenn er sagt: *msjj=k-ms.w*[6] *qd=k-sḫm=sn*[7] - "Du (scil. der König) stellst Abbilder her und erbaust ihre Heiligtümer" - *mj-jr-n=j m-p3.t-tp.t* - "wie ich (es) tat in der frühesten Urzeit".

---

3 AEL I, 1973, 57 n. 14.

4 s.a. Z.58: *msj-nṯr.w*

5 KRI II 258-281; Bearbeitung bei EDGERTON-WILSON, Hist. Rec. of Ramses III, p.119-129.

6 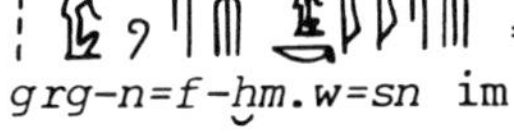 = KRI II 270,11.

7 cf. *grg-n=f-ḫm.w=sn* im Schabaka-Stein, Z.60.

Und über Ramses II. wird in dessen Abydos-Tempel[8] folgende Feststellung getroffen: *msj-sšm.w ḥtp-ḥr-s.t=sn / m-ḥmw.t-nfr.t nt-Ptḥ* - "der die Kultbilder herstellt, die auf ihrem Platz ruhen / in der schönen Handwerkskunst des Ptah". Der König vollzieht also nach Aussage beider Texte eine typische Tat des Ptah, nämlich das "Bilden der Götterstatuen". Ptah ist ja der Bildhauer par excellence.

Wenn das "Denkmal Memphitischer Theologie" hier als Parallele herangezogen wurde, dann deswegen, weil die Komposition dieses Traktates neuerdings mit guten Gründen in die Ramessidenzeit datiert wird[9], aus welcher Epoche ja auch die übrigen Zitate stammen. So wird die Identifizierung des namentlich nicht genannten Gottes mit Ptah, dem zu Ehren das Preislied verfaßt wurde, einige Wahrscheinlichkeit für sich beanspruchen dürfen.

Dahinter, daß der Gottesname verschwiegen wird, mag eine bestimmte Absicht stecken, da "der Eigenname als zu einschränkend empfunden"[10] worden sein mag. Hier behandelter Text "verschweigt den eigentlichen Namen des angeredeten Gottes, und schöpft seine umschreibenden Namen aus dem Wissen vom Wesen ... und Wirken des Gottes"[11].

---

8 KRI II 512,5-6 (MEEKS, Alex, Nr. 79.2779).
9 SCHLÖGL, Der Gott Tatenen, 1980, 110ff.
10 ASSMANN, in: LÄ III, 109 n. 30. S. die dort geg. Verweise.
11 ders., Liturgische Lieder, 204 (30.).

III.1.2. An den "Großen Nun"

(ČERNY - GARDINER, HO I, pl. XCIII 1 = O GARDINER 301)

Lit.: bisher unbearbeitet

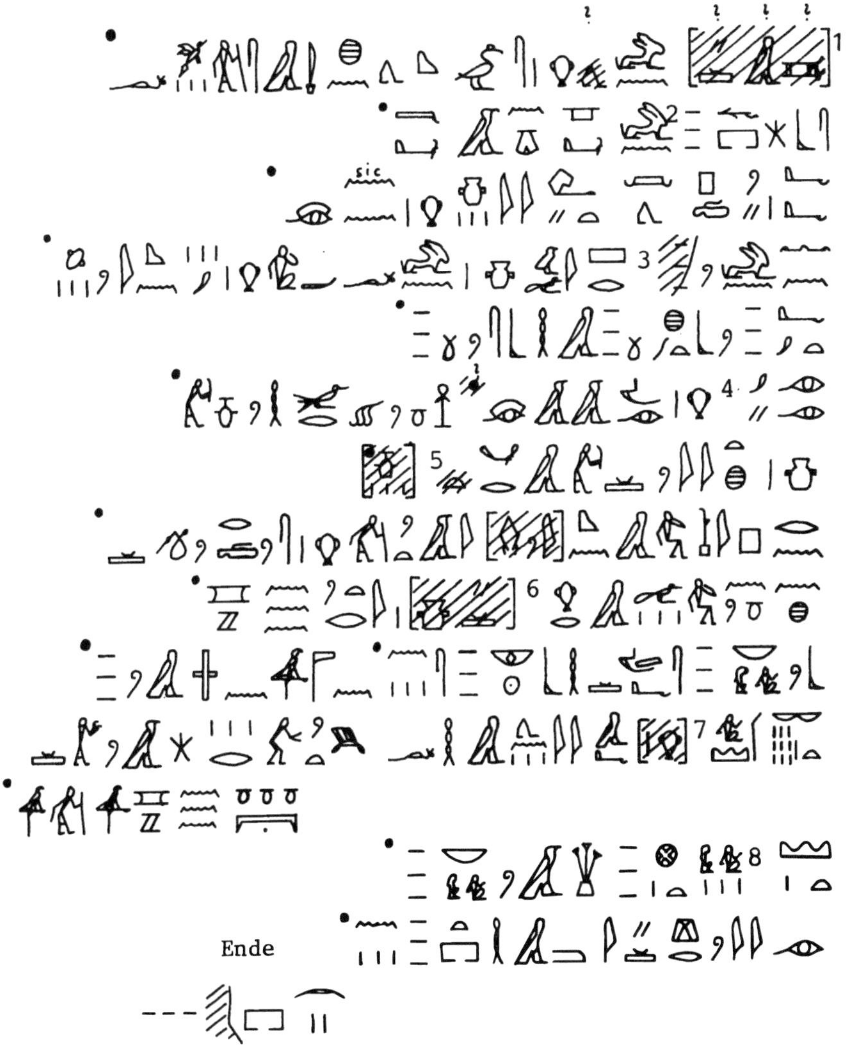

1) 2) 3) 4) 5) 6) 7) 8) 9) 10) 11) 12) 13)

Übersetzung:

1) [Der nicht] vorbeigeht an dem, der Freundschaft zu ihm eintreten läßt.•[a)]

2) Türen sind geöffnet und aufgetan,•[b)]

3) Arme sind ausgestreckt, (die) Herzen froh.•[c)]

4) Es gibt keinen Kleinherzigen, der sich über Schaden freut.•[d)]

5) (Die) Glieder sind leuchtend (weiß) durch Kleider.•[e)]

6) (Die) Augen sehen,• Haare sind gesalbt.•[f)]

7) (Das) Herz ist trunken vom *d̲sr.t*-Bier.•[g)]

8) (Der) Jüngling umarmt den Alten wegen (seiner) Aufzucht.•[h)]

9) Knaben sind in[mitten] des Flusses.•[i)]

10) Alle Leute richten ordnungsgemäß ihre Feste aus• für den Gott, der in ihnen ist.•[j)]

11) Die Neun-Bogenvölker [sagen]: "Laßt uns kommen in Demut, um den Großen Nun anzubeten,•[k)]

12) Ihr Fremdländer und Barbaren,•[l)]

13) den, der für den Bedarf an Speisen <in(?)> unserer Unterwelt sorgt(?).••[m)]

a) ob das von Č-G gelesene Zeichen nach *wn* gelesen werden darf? Sollte vor *wnj* noch etwas gestanden haben (s. Č-G's Schraffur), könnte ich mir folgenden Wortlaut vorstellen: [*tm*]-*wnj ḥr-sᶜq-ẖnms=f* – "[der nicht] vorbeigeht (= vernachlässigt; Wb I 313/4) an demjenigen, der Freundschaft zu ihm (= *Nwn-wr*; s.u. V.11) eintreten läßt". Das hieße nichts anderes, als daß Nun sich demgegenüber wohlgesonnen erweist, der ihm loyal ist. In Abschnitt XIV des Nilhymnus des Cheti (HELCK, Der Text des Nilhymnus, KÄT 1972, 82ff.) werden die Menschen aufgefordert, die *šfjj.t*-Macht des Herrschers als Sohn des Hapi zu fürchten, welche der König Ägyptens inkorporiert und dem deswegen absolute Loyalität gebührt aufgrund seiner Funktion als Bringer der Überschwemmung.

Das Thema des Eingangsverses ist also die Loyalität des Menschen gegenüber dem Gott. Vgl. dazu, was z.B. in pBerlin 3049, col. VIII 9 über Amun-Re gesagt wird: *sẖtm wnj* ( )-*sw* – "der den vernichtet, der ihn übergeht (und der seine Macht verkennt)"[1]. In einem Hymnus

[1] ASSMANN, ÄHG Nr. 127 B, 50.

an denselben Gott[2] wird er als "(Vater und Mutter für den, der ihn sich ins Herz gibt), aber sich abkehrend von dem, der an seiner Stadt achtlos vorübergeht" bezeichnet (*mkḥ-wnj-nw.t=f*).

All diese sinngemäßen Parallelen machen 1. die Lesung zwingend notwendig und 2. die Ergänzung des Partizips *tm*, um eine positive Aussage des Verses zu erhalten.

b) *ng3* < *ngj* "aufbrechen, auftun" von Toren Wb II 348,7.

c) *pḏ* "ausstrecken" von den Armen (Wb I 568,1). Nach *ḥr* ist natürlich zu lesen, *ḥr* selbst wohl zu streichen. Lies also *ḥ3tj.w-*^{c}*n*, die "Herzen sind freundlich" Wb I 190,15. Eine sinngemäß enge Parallele begegnet z.B. in dem Nilhymnus des Ostr. DeM 1675 rt. 2: *jb-nb-ḫntš* - "ein jedes Herz freut sich" (über die Ankunft der Nilüberschwemmung; zur Bewertung dieser Aussage als mögliches Zitat aus dem Nilhymnus des Cheti, Abschnitt VIIa (= HELCK, o.c., 40) s. u. e) zu Abschnitt I von DeM 1675).

d) nach *nn-wn* scheint nichts zu fehlen, ergänze *šrj-jb* verstehe ich als "einer, der klein an Herz ist", d.h. "niederträchtig" o.ä. Die Schreibung statt einfachem leitet sich aus Kontamination mit dem Kompositum *wnf-ḥr* "sich freuen (an etw.: mit *m*)" oder "freudig an Gesicht" (Wb I 319,16) her. ist *qnjw* "Schaden, Mangel, Leid" (Wb V 48,2-13). Zum Wort s. OSING, Nominalbildung, 91. Es gibt nach Meinung des Autors also keine "Schadenfreude".

e) zu den "leuchtend(weiß)en Gliedern" vgl. das von der Königin Nefertari belegte Epithet *wbḫ.t-*^{c}*j.wj* - "mit leuchtend(weiß)en Armen" in KRI II 818,14 (nach MEEKS, Alex Nr. 79.0643). Laut Nilhymnus des Cheti (VIIId nach HELCK) ist es der Nil, "der die Menschen mit Flachs bekleidet". Hapi bzw. der Nun in diesem Text gelten als Spender der Kleidung.

f) Bleibt der Nil einmal aus, hat dies u.a. laut Nilhymnus (IX f-g nach HELCK) zur Folge, daß die Haare ausfallen, "denn niemand kann sich salben"; dazu ASSMANN, ÄHG, p.640 z. V.75f.

g) am Ende von Z.4 und Anfang von Z.5 ist [⁵] zu ergänzen, *ḏsr.t*-Bier; s. HELCK, Das Bier im Alten Ägypten, 18f.

---

[2] ASSMANN, o.c., Nr. 75, 24. S.a. das Zitat aus der "Verbanntenstele" bei dems., 71: "hoch an Gnade, der sich um den kümmert, der ihn preist", ferner ÄHG, Nr. 131,93 u. die Var. zu den Versen 92ff. aus pKairo 58033 auf p.312.

h)  muß 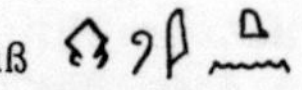 o.ä. sein, also "umarmen". Der Vers besagt nichts anderes, als daß es keinen "Generationenkonflikt" mehr gibt. Dasselbe Motiv kehrt wieder in DeM 1675 rt. 15-16, s. z. St.
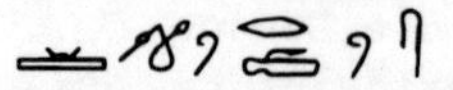 ist *srd* "wachsen lassen" (Wb IV 205), lit. also "wegen des Wachsenlassens". Der Jüngling dankt dem Alten für seine Aufzucht und Erziehung. In der Lehre des Anii wird der Sohn Chonsuhotep dazu angehalten, seiner Mutter für die Fürsorge, die sie ihm in seiner Kindheit angedeihen ließ, Dank zu erweisen (VII,17 - VIII,3 nach VOLTENs Zählung; vgl. a. IV,4-6).

i) aus diesem so banal anmutenden Vers geht hervor, auf welche Weise die Knaben ihrer Freude über den angestiegenen Nil Ausdruck verleihen, indem sie sich mitten im Fluß tummeln. Ein wegen der gefürchteten Krokodile sicher nicht alltägliches Vergnügen.

j) *sm^{3c}-ḥ^{3}b.w* - "die Feste richtig ausführen", und zwar "für den Gott, der in ihnen (= den Festen) ist". Das nach *nṯr* mag vom Schreiber fälschlich als Genetiv-*n* aufgefaßt worden sein, was dann zur Ansetzung zweier Kola und damit eines eigenständigen Verses geführt hätte, deswegen der Punkt vor *n-nṯr*. Jedoch trennen Hss auf Ostraka nicht ausschließlich Verse durch solche Punkte ab, sondern überaus häufig auch einzelne Kola, s. z.B. V.6: Punkt vor *šnj-wrḥ.w*.

Ich lese *n.jm=w* für *m.jm=w*, s.  bei ERMAN, Neuäg. Gramm., § 604.

k) nach *psḏ.t-pḏ.wt* ergänze , elliptisch für 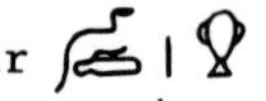 (GEG, § 321), und zwar wegen der folgenden Selbstaufforderung *mj=n* - "laßt uns kommen!" Dieser Anruf *mjj=n m-ḥf^{3}.t* bildet die imperat. Form zu der Verbindung *jwj m-ḥf^{3}.t* - "in demütiger Haltung kommen" (Wb III 73,13). Zur Grundbedeutung von *ḥf^{3}.t* bzw. *ḥf^{3}w*, das mit dem Wort *ḥf^{3}w* - "Schlange" zusammengehört und "Krümmung" bezeichnet, s. FECHT, Wortakzent, n. 491a.
Ungefähre Parallelen in ÄHG, Nr. 87E, 131.

l)  in Z.7 Ende und  in Z.8 Anfang gehören sicher zusammen, s. Wb III 236,1. Es fehlt höchstens der -Stock. Vielleicht bildet das  nichts weiter als ein Determinativ, wie es laut Wb III 234 "spät" hinter *ḫ^{3}s.t* - "Fremdland" auftritt. Oder sollte *nw.tw* - "Städter" (Wb II 213,1-4) zu lesen sein? Dies ist eher unwahrscheinlich, da der Anruf der Neun Bogenvölker sich doch nur an Nicht-Ägypter richten wird wie den *ḫ^{3}s.tw* und den *ḥ^{3}w-nbw*.
Ich verstehe diese Volksbezeichnungen als noch von *mjj=n* abhängige Vokative.

m) darf *jrjj-ḫr<.t>* - "für den Lebensunterhalt sorgen" (Wb III 391,1) gelesen und als fernes Obj. an *r-dw^{3}* angeknüpft werden? Es hieße dann: "Laßt und kommen..., um anzubeten...den, der für den L. sorgt <in (*m*)?> unserer Unterwelt". Die Präp. *m* wäre wegen folgendem *jm(ḥt=n)* ausgefallen.

III.1.3. An Thot

(POSENER, Catalogue, t. I, pl. 52 = DeM 1101 und t. II, pl. 35 = DeM 1180)

Lit.: bisher unbearbeitet

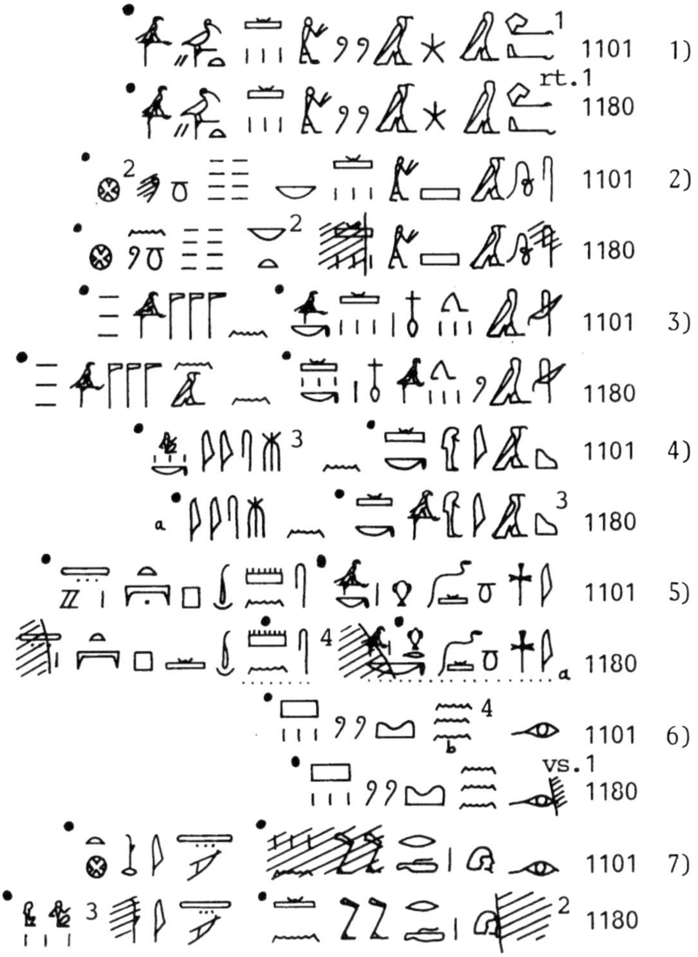

a) Anfang von *jnḏ* über Ende von *msjj(=k)* geschrieben.

b) *mw* über der Z. nachgetragen.

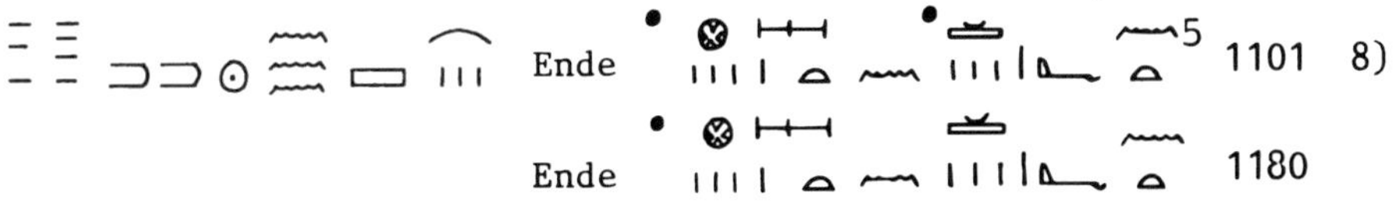

Übersetzung:

1) Beginn mit der Anbetung des Thot,
2) (mit) der Ehrung <des> Herrn von Hermopolis,[a)]
3) (mit) dem Geleiten deiner Schönheit zu den Göttern,[b)]
4) deiner Gestalt zu deiner Nachkommenschaft.[c)]
5) Sei gegrüßt, (du), der Himmel und Erde festgemacht hat,[d)]
6) der Wasser und Gebirge geschaffen hat,
7) der die Ordnung Ägyptens geschaffen hat,[e)]
8) die Organisation der Gaue.[f)]

a) obwohl beide Texte kein nach *sw^{3}š* haben, rechne ich mit dieser laut Wb IV 63,26 ab 19. Dyn. häufig belegten Verbindung, cf. z.B. DeM 1084,1. *n-* ist wegen lautlichem Zusammenfall mit *nb* ausgelassen wie in dem Beispiel *^{3}ḫ* <*n*>*-nb=f* bei ERMAN, NäG, § 601 aus pLans. 11,3. Der Text umfaßt so 8 Verse, eine Zahl, die angesichts des Adressaten Thot als "Herrn der Stadt der Acht(heit)" nicht verwundert. - Zum völlig identischen grammatischen Aufbau der 2 Strophen s.u. den Kommentar.

b) streiche nach *sšmw* in 1180 rt.2 und lies *n-n^3-nṯr.w* mit demselben Text. *n^3* wieder infolge Assimilation an *n-* und *-nṯr.w* untergegangen in 1101,2. Zu *nfr.w* "Güte, Wohltaten, Schönheit" s. Wb II 260,13-14.

c) die Verderbnis in 1180 rt.3 läßt sich nur als Lese- bzw. Abschreibfehler erklären. Der Kopist hat die Gruppen von *msjj* und wegen ihrer Ähnlichkeit im Hier. nicht auseinandergehalten und so über das letzte Wort des 4. Verses das erste des 5. Verses geschrieben. Hinzu kommt, daß beide Wörter, *msjj=k* wie *jnḏ-ḥr=k*, mit einem enden.

d) die Art und Weise, in der Thot "Himmel und Erde festmacht", wird durch eine Stelle im Esna-Tempel auf das schönste beleuchtet. Esna VI,1 Nr. 531, Z.18 (= p. 165/6 in SAUNERONs Edition) lautet: *smn-p.t-t^3 ḥr-ḏd=f* - "qui affermit le ciel (et) la terre avec sa parole"; Übers. von ALLIOT, in: RdE 5, 1946, 102/3. Thot ist demnach der Schöpfer durch das Wort. Einflüsse aus der Theologie von Memphis mögen hier eine Rolle spielen (vgl. den "Schabaka-Stein").

In dem von FAULKNER publizierten "Ancient Egyptian Book of Hours" (pBM 10569,22,6), das nach Ansicht seines Bearbeiters mit großer Wahrscheinlichkeit in Memphis verfaßt wurde, wird Thot ( ) in der 6. Stunde des Tages angerufen als  , "der die Erde festmacht auf ...". Die Ergänzung *smn* ist wegen des Determ.  ziemlich sicher. Warum FAULKNER, o.c., 15, dies durch "Thoth who [makes firm ?] the Two Lands on the ..." übersetzt, verstehe ich nicht. Besser scheint mir die Wiedergabe von BORGHOUTS, in: OMRO LI, 1970, 174 n. 425: "Thoth, who [ke]eps the earth on [its] pil-[lars (?)]". Nach BORGHOUTS kann "*smn* ... also be used in the meaning "to create"", mit weiteren Belegen. Der Text des "Stundenbuches" stammt etwa aus dem 3. Jhrh. v. Chr.

Thot als "Gründer der Erde durch sein Werk" (*grg-t3 m-k3.t=f*) belegt in Esna VI, Nr. 493, Z. 16 (=p. 62,2), als "Schöpfer aller Dinge" (*qm3-jḫ.t-nb.t*) in Edfou I, 289; Stelle im Zusammenhang übersetzt bei Frau REYMOND, From Ancient Egyptian Hermetic Writings, 1977, 39. S. ferner ROEDER, Hermopolis, 165, § 6c.

smn-p.t ist ein für Demiurgen typisches Epitheton. Von Ptah ist es belegt auf O Turin 57002, rt. 6 (LOPEZ, Ostr. Ier., I, tav. 3a); von Amun in pBerlin 3055, XVI 5; ähnlich von Amun-Re in pBerlin 3049, VIII 2 (*msj-p.t jrj-t3 jrj-mw dw.w*); von einem Schöpfergott, dessen Name weggebrochen ist, in HO I, pl. CVI rt. 1; ferner in einem Königshymnus (so nach POSENER) in DeM 1100 rt. 3 als *smn-t3* nach unmittelbar vohergehender Erwähnung von *p.t*. Die Reihung "Himmel, Erde, Wasser und Gebirge" als Schöpfungswerk des Amun-Re bei ASSMANN, ÄHG, Nr. 165,5-6 und in o.a. Stelle aus pBerlin 3049.

Der Hymnus von DeM 1101/1180 liefert so weit ich sehe den frühesten Beleg für Thot als *smn-p.t-t3* etc.

e) streiche  nach *T3-mrj* in 1180 vs.3. *T3-mrj* fungiert als Oberbegriff für *sp3.wt* im letzten Vers.

f) *nt*^{c} zuletzt ausführlich diskutiert bei KRUCHTEN, Le Decret d'Horemheb, 1981, 166ff. Die Grundbedeutung scheint "Brauch, Sitte" zu sein. Hier wohl eher "Organisation" und ähnlich wie in der Krönungsinschrift des Haremheb (s. GARDINER, in: JEA 39, 1953, 15. 20): "(And lo, he set in order this land) - *nt*^{c}*=f-sw r-rk-R*^{c}*w* - organizing it after (the manner of) the time of Re". Ob hier konkret an die Einteilung Ägyptens in die später als kanonisch geltenden 42 Gaue gedacht ist?

Kommentar zu Inhalt und Gliederung

Der wenn auch sehr kurze Hymnus ist in mehrfacher Hinsicht interessant. Zum einen präsentiert er uns Thot als Demiurgen, eine für diesen Gott nicht gerade charakteristische Eigenschaft und, wenn ich recht sehe, auch erst in wesentlich späterer Zeit belegt. BOYLAN, Thot - The Hermes of Egypt, 107ff., verzeichnet zu diesem Aspekt keinen derart frühen Beleg.

In den von Frau E.A.E.REYMOND edierten Hermetischen Schriften aus der Ptolemäerzeit (Texte C und C1), die ja nach eigener Aussage (Text C1, 14-15) auf die göttliche Verfasserschaft des Thot zurückzugehen behaupten, begegnet diese Vorstellung nach dem fragmentarischen Zustand der Papyri zu urteilen ebenfalls nicht. Frau REYMOND verweist auf p. 39 ihrer Bearbeitung (s.o. n. d)) lediglich auf den demotischen Roman II Chaemwese V 12-13, wo es nach der Übersetzung von Frau BRUNNER-TRAUT, Altäg. Märchen, 1973, 205f., heißt: "Du bist es, der den Himmel aufgehängt hat, der die Erde gegründet hat und die Unterwelt, und der die Götter mit ihren Kapellen an ihren Platz gestellt hat". Die zuletzt erwähnte Tat wird zum "Erschaffen des *tp-rd* Ägyptens" etc. unseres Textes dazugehört haben[1].

Wie der Inhalt, so scheint mir auch die sprachliche Gestalt, in die dieser gekleidet ist, einer kurzen Betrachtung wert. Die o. gegebene Übersetzung arbeitet mit Hilfe einiger Klammern und Einrückungen, die einzig den Zweck haben, die versübergreifenden grammatischen Bezüge transparent zu machen.

Zunächst ist festzustellen, daß der Hymnus in zwei Strophen zu je vier Versen gegliedert ist, welche Einteilung allein schon durch die Verwendung typischer Formeln erreicht wird. *ḥ3.t-ᶜ m-dw3w* markiert überschriftartig den Beginn der gesamten Komposition und liefert mit *dw3w* die genuin äg. literarische Klassifizierung als "Hymnus"[2].

jnḏ-ḥr=k zu Beginn von V. 5 stellt die an den Gott gerichtete Adresse dar. Erst hier setzt die eigentliche Prädikation des Thot als Weltschöpfer ein. Um einen Einblick in die Gliederung des Textes zu gewinnen, sei nachstehende Transliteration gegeben:

---

[1] zu Thots Einrichten des *tp-rd* von Tempeln s. z.B. Dendera VIII 131,9; 132,13; 139,7 (MEEKS, Alex II, 78.4561). In dem Buch von Frau DERCHAIN-URTEL, Thoth à travers ses epithèts, 1981, werden keine diesbezüglichen Beiwörter des Thot als Demiurg behandelt.

[2] ASSMANN, in: LÄ III, 104; zu *jnḏ-ḥr=k* ibid., 105.

1) *ḥ3.t-^{c} m-dw3w-Ḏḥwtj*
2) *sw3š <n>-nb-Ḫmnw*
3) *sšm-nfr.w=k n-n3-nṯr.w*
4) *q3j=k n-msjj=k*

5) *jnḏ-ḥr=k smn-p.t-t3*[3]
6) *jrj-mw ḏw.w*
7) *jrj-tp-rd n-T3-mrj*
8) *nt^{c}.w n-sp3.wt*

Das Einrücken der Verse 2-4 und 6-8 in Übersetzung und Transliteration geht von folgendem grammatischen Verständnis aus: auf die Eröffnung durch *ḥ3.t-^{c} m-* folgt der Infinitiv bzw. das Verbalsubstantiv *dw3w* - "Anbetung, Hymnus". Unter elliptischer Verkürzung eben dieses *ḥ3.t-^{c} m-* ist die Position des *dw3w* in den Versen 2-3 ebenfalls mit zwei - auf */s/* alliterierenden (!) - Infinitiven bzw. Verbalsubstantiven besetzt[4] . Auf *sšm* folgt das dir. Obj. *nfr.w=k*, V. 4 ist noch weiter verkürzt und beginnt unmittelbar mit einem solchen dir. Obj., nämlich *q3j=k*, ist also V. 3 untergeordnet. Und diese auf Ellipsen beruhende Unterordnung schreitet im Verlaufe der Verse 1-4 mit einer Pause zwischen den Versen 2 und 3 fort. Aus der Sicht von Syntax und Grammatik ist die Strophe zentrierend strukturiert insofern, als sie an diesem Punkte (V. 2-3) keine weitere elliptische Progression vollzieht.

Versucht man nun aber, die Strophe unter dem Aspekt der semantischen Kontiguität der einzelnen Verse weiter zu untergliedern, so ergibt sich ein enges Zusammengehen der Verse 1-2 und 3-4. *Ḏḥwtj* wird in V. 2 durch *nb-Ḫmnw* umschrieben, *nfr.w=k* und *q3j=k* werden den "Göttern" bzw.

---

3 zu *p.t-t3* als Univerbierung s. FECHT, Liter. Zeugn., 32 F. 11: *p3-mw-t3*. Ob *mw ḏw.w* ebenso zu werten ist, wage ich nicht zu entscheiden.

4 für *sw3š <n>-* bietet sich als Übersetzung auch "(mit) der Ehrung des ..." an.

den (göttlichen) "Nachkommen" des Thot "zugeführt" (*sšm*).

Genau das gleiche Bild bietet Strophe 2. Anstelle der Infinitive von Str. 1 liegen in den ersten drei Versen nach der Adresse *jnḏ-ḥr=k* jeweils Partizipien vor (*smn*; 2x *jrj*). Die elliptische Verkürzung stagniert in den mittleren Versen 6 und 7. Wie die Verse 2-3 zusätzlich durch Alliteration verklammert sind, so die Verse 6-7 durch anaphorisches *jrj*, also nicht mehr nur auf Phonemebene, sondern auf einer der nächstgrößeren, der Lexemebene. Vers 8 beginnt wieder analog zu V. 4 mit dem noch vom 2. *jrj* abhängigen dir. Obj. *ntᶜ.w*. Soweit die Grammatik.

Die Semantik schweißt wiederum V. 5 und 6 bzw. 7 und 8 eng zusammen: Thema: Schöpfung von Himmel und Erde incl. Wasser und Gebirge. Vers 7 und 8 werden konkreter und handeln von der Einrichtung Ägyptens.

Die Analyse zeigt folglich mindestens zwei einander ergänzende und sich überlagernde Strukturen des Hymnus: 1. eine auf rein syntaktischer Ebene in beiden Strophen identische, und 2. eine auf semantischer Ebene, welche diejenige ist, die verspaar- oder coupletkonstituierend ist.

Was den Umfang des Textes von 8 Versen angeht, so ist aufgrund seines Titels "Beginn mit der Anbetung ..." oder "... den Anbetungen" grundsätzlich damit zu rechnen, daß wir tatsächlich nur den Anfang einer größeren Komposition vor uns haben. Es bleibt aber in jedem Fall bemerkenswert, daß wir - bei Annahme seiner Vollständigkeit - eine der Gesamtverszahl kongruente Zahl der Hebungen, nämlich 2 x 8 = 16, zu verzeichnen haben, was mir angesichts des gepriesenen Gottes Thot als "Herrn der Achtstadt-Hermopolis" nicht zufällig erscheinen will.

III.1.4. Anfang eines Nilhymnus

(POSENER, Catalogue, t. I, pl. 54 = DeM 1105)

Lit.: erwähnt bei van der PLAS, De Hymne aan de Overstroming van de Nijl, 1981, 56. 123f.

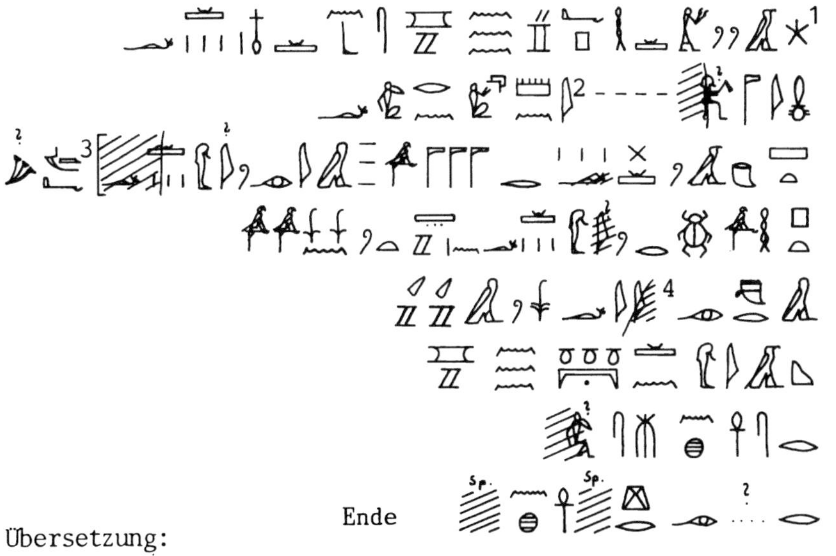

Übersetzung:

1) Anbetung des Hapi, dessen Wohltaten heilen,[a)]

2) wie (die) eines [---(?)] herrlichen Gottes, dessen Name verborgen ist.[b)]

3) Geheimnisvoller ist er als die Götter in seiner wahren Gestalt.[c)]

4) Ptah, dessen Gestalt (die) des Tatenen (war),

5) als er sich verwandelte in die Beiden Ufer,[d)]

6) (in) die Form des Nun,

7) um die Kinder [---(?)] am Leben zu erhalten,

8) um für den Bedarf der (?) Lebenden (?) zu sorgen.[e)]

a) *snb* hier transitiv. Van der PLAS, Hymne aan de Overstroming, 51, übersetzt: "Moge zijn schoonheid gezond zijn...". Ein Wunsch, daß Hapis "Schönheit gesund" sein möge, ergibt aber wenig Sinn.

b) van der PLAS, o.c., 123, zitiert hierzu BUDGE, BD, 128,5-7 (Spr. 57), wo es heißt: "(O Hapi),..., leite die Großen,..., zu mir, wie sie jenen herrlichen Gott (*nṯr=sn-pwjj-špsj*) geleiten, dessen Namen sie nicht kennen (*ḫm-n=sn-rn=f*)"; Übers. nach HORNUNG, Totenbuch, 127. Mit *nṯr=sn-pwjj-špsj* ist Hapi selbst gemeint und unserem Epithet *jmn-rn=f* entspricht dort *ḫm-n=sn-rn=f*.

c) nach *jrw* fehlt nur . Das von POSENER transkribierte Zeichen ist m.E. nichts anderes als ein leicht deformiertes (MÖLLER, HP II, Nr. 268) und wird sich aus der gelegentlichen Determinierung des Wortes *m*^{3c} in der Verbindung *m*^{3c}*-ḫrw* herleiten (Wb II 17,16-18). Der Ausdruck *jrw-m*^{3c} ist damit eine analoge Bildung zu *qj=f-m*^{3c} – "seine wahre Gestalt" in pLeiden I 350, IV 18, und *sšmw-m*^{3c} – "wahres Abbild" in pLeiden I 344 vs. IX 6-7.

št^{3}*-jrw* z.B. bei ASSMANN, Sonnenhymnen, Nr. 17,7 mit n. h) auf p. 21: "die unsichtbare, unerforschliche Gestalt des Gottes hinter bzw. über allen Erscheinungsformen"; s.a. ÄHG Nr. 186,7 und ders., Liturgische Lieder, 75f. *jrw-št*^{3} von Isis z.B. im späten pBM 10288, col. A, Z. 7 (Rubrum), publ. und bearbeitet von CAMINOS, in: JEA 58, 1972, 205ff., esp. 210f. (pl. XL).

d) das Zeichen vor der Gruppe in *ḫpr.w* ist vielleicht identisch mit dem fraglichen vor derselben Gruppe in *jrw* (Z. 2). Vgl. immerhin in pAn. II 8.7.

Theologisch vergleichbar mit der hier über Ptah getroffenen Aussage ist die im Hymnus des pBerlin 3048, col. IV 7-8: "(Du standest auf aus dem Land in seiner Trägheit,...), als du in deiner Erscheinungsform des Tatenen warst (*m-ḫt-jw=k-m-jrw=k-T*^{3}*-tnn*), in deiner Transformation des Vereinigers der beiden Länder (*m-ḫpr.w=k n-dmḏ-t*^{3}*.wj*)"; Übers. nach ASSMANN, ÄHG, Nr. 143, 70-73.

Zu Vers 4 s. ferner die Anrede an Amun als *ntk-T*^{3}*-tnn ḫpr.w=k m-Ḥ*^{c}*pj* – "Du bist Tatenen, deine Transformation ist Hapi" bei SANDMAN-HOLMBERG, The God Ptah, 171 und pl. 42*, Nr. 206. Zur Verbindung Amun-Hapi s. z.B. ÄHG, Nr. 141,4. 10 u. 128,27.

Tatenen, der sich in den Beiden Ufern manifestiert, nicht behandelt bei SCHLÖGL, Der Gott Tatenen. Allerdings hängt diese Vorstellung eng mit der seit der Zt. Ramses'II. auftauchenden von Tatenen als Urhügel zusammen; dazu SCHLÖGL, o.c., 71 und zur Verbindung Ptah-Nun-Tatenen o.c., 62f.

e) in pBerlin 3048, VIII 3 heißt es von Ptah: *jr-ḥr.t prr(.t)-jm=f m-rn=f n-Nwn-wr* – "der den (Lebens)unterhalt schafft, der aus ihm hervorkommt, in seinem Namen 'Nun der Große'". ASSMANNs Übersetzung in ÄHG, Nr. 143, 161/2, weicht geringfügig von meiner ab.

Ptah-Tatenen ist auch *w*^{c}*j m-ḫpr.w=f n-Nwn* – "allein in seiner Transformation des Nun"; zit. bei SANDMAN-HOLMBERG, o.c., 119.

Die Zeichenspuren in Z. 5 vermag ich nicht zu deuten.

III.1.5. An den Nil

(POSENER, Catalogue, t. III, pl. 81-84 = DeM 1675)

Lit.: Ch.KUENTZ, in: Proceedings of the Twenty-Second Congress of Orientalists (Istanbul 1951), vol. II, 1957, 612f.
J.F.BORGHOUTS, in: CdE 58, 1983, 114.

I.

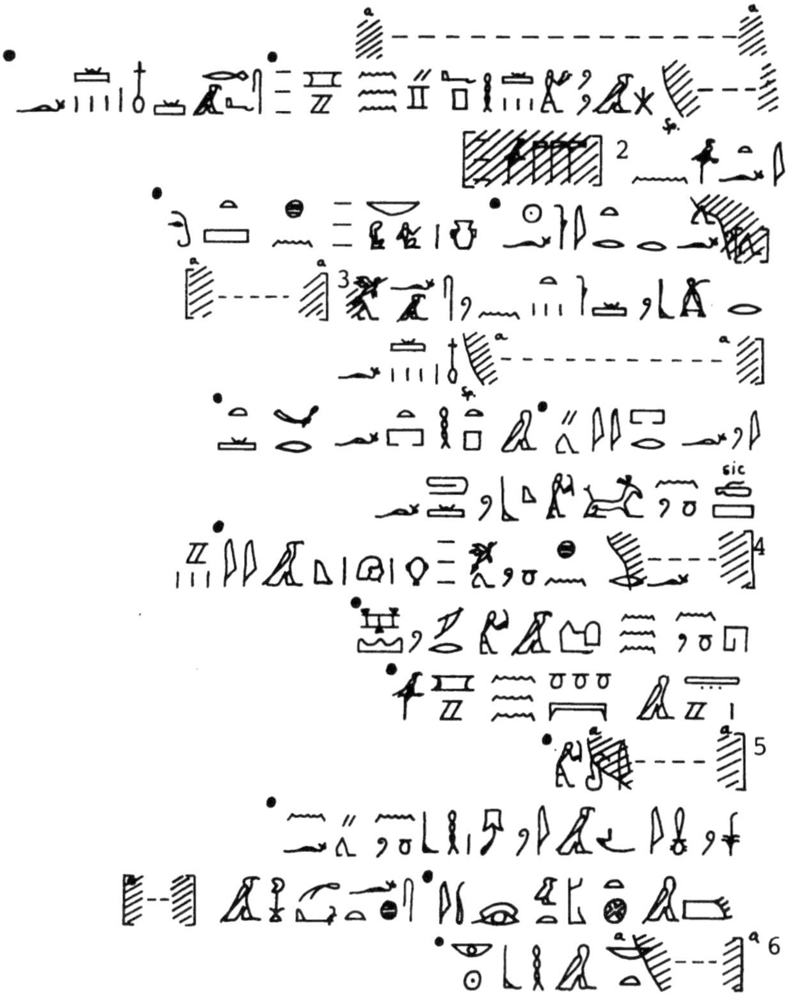

1)
2)
3)
4)
5)
6)
7)
8)
9)
10)
11)
12)
13)
14)
15)

a-a) genauer Umfang des Verlorenen unbekannt. Versgrenzen dadurch bisweilen schwer zu ermitteln.

16)
17)

I. Übersetzung:

1) [----][a)]
2) Anbetung Hapis, seine Wohltaten rühmen[b)]
3) Vater der [Götter][c)]
4) [--(?)] er [kommt] zu seiner Zeit, indem jedes Herz erfreut ist,[d)]
5) um Jahre [seines(?)] Trägeseins zu ersetzen[e)]
6) [durch ein Jahr/Jahre(?)] seiner Güte.[f)]
7) Er kommt herauf aus seiner verborgenen Höhle,[g)]
8) der <in(?)> seiner Windung wütet [---].[h)]
9) Er [strömt(?)], um sich niederzulassen auf den Hochäckern.[i)]
10) Die Wellen bekämpfen die Wüste.[j)]
11) Das Flachland ist ein Urgewässer.[k)]
12) [Die/alle Tiere (o.ä.) sind] in Furcht.[l)]
13) Er ist wie ein Löwe, nachdem/wenn er erbeutet/hat.[m)]
14) Ägypten ist erwacht, gelöst ist [---].[n)]
15) Alle [Götter(?)] sind im Fest.[o)]
16) Er läßt die Beiden Ufer ergrünen, indem er Speisen ausspeit.[p)]
17) Der, der ein Alter war, wird jung.[q)]

a) nach dem ungefähren Umfang des Weggebrochenen zu schließen, rechne ich mit dem Ausfall des Eingangsverses. Eine Ergänzung habe ich nicht.

b) die ersten beiden Punkte trennen Kola ab, nicht Verse. Vermutlich handelt es sich um den 2. Vers des Titels.
dwꜣ-Ḥꜥpj wie am Anfang des Großen Nilhymnus; s. Textzusammenstellung bei HELCK, Der Text des Nilhymnus, KÄT 1972 (im folgenden als GrN zitiert); ferner van der PLAS, De hymne aan de overstroming van de Nijl, 1981, 50f.
sꜥꜣ-nfr.w=f - "seine Wohltaten/Schönheit rühmen" nach Wb IV 42,22.

Nach dem Titel *dw3-Ḥcpj* folgt in DeM 1105,1 als Variante *snb-nfr.w=f* - "dessen Wohltaten/Güte gesund machen", s. zum Text hier p. 29f.

c) zu diesem Epithet des Hapi s. z.B. HORNUNG, Der Eine und die Vielen, 1973[2], 139 n. 10. Ob nach dem ergänzten [*nṯr.w*] noch etwas zu diesem Vers dazukam, bleibt ungewiß.

Das überlange nach *jtj* halte ich für einen "space-filler"; dazu GARDINER, LEM, 142; s.a. OC 12202, vs. 3 (= RdE 27, 1975, 202). Der Titel lautet eigentlich nur *jtj-nṯr.w*, s. J. Cl. GOYON, Le papyrus du Louvre N. 3279, 1966, 52f. n. 2.

d) vielleicht fehlt vor  nichts weiter. Zum Nil, der "zu seiner Zeit kommt", s. MORENZ, Religion, 1960, 80-81, und die dort zit. Stellen; ferner van der PLAS, o.c., 87-88, zum GrN, VId (nach HELCK).

jb-nb-ḫntš auch im GrN, VIIa, was HELCK, o.c., 43, zu *ḫnp* - "empfangen" emendiert. S. aber auch pBerlin 3049, vs. XIV,8 = ASSMANN, ÄHG, Nr. 127, Z.156, und van der PLAS, o.c., 90; BIFAO 48, 1949, 8, Z.4 des "Éloge du roi": *ḥ3tj.w-ḫntš n-spr=f* (d.i. Ramses IV.) *mj-Ḥcpj r-tp-nw=f*.

e) *db3* verstehe ich als "vergelten, (Böses) wiedergutmachen" mit Wb V 556,5. Laut GrN, XIIIc, sind es die Menschen, die Hapi "seine Wohltaten vergelten", d.h., sich in Form von Opfern jeglicher Art für sein "Fließen" (XIIIa) erkenntlich und dankbar zeigen; anders HELCK.

Zu *wzf* als "träge, säumig" vom Nil s. wieder GrN, IId, und van der PLAS, o.c., 69, z.St. Es ist das Bedeutungsoppositum zu *wbn* - "(an)steigen" im GrN, behandelt bei WESTENDORF, in: GM 49, 1981, 79f. In unserem Text erscheint es wieder in der Warnung *jm=k-wzf* in vs. 16, s. z.St. Ich ergänze hier zu *rnp.wt n-wzf*[=*f*].

f) *nfr.w=f* am Schluß dieses Verses muß in positiver Opposition zum vorangehenden ("Jahre der Trägheit") stehen. Die in der Übersetzung vorgeschlagene Ergänzung [*m-rnp.t*]*-nfr.w=f* wird bezüglich des *rnp.t/rnp.wt* durch die vor *nfr.w=f* vorhandenen Zeichenspuren anscheinend nicht bestätigt.

g) laut GrN ist "seine Höhle in den Schriften nicht zu sehen" (Vf nach HELCK). Die "Höhlen Hapis" sind behandelt in einem Exkurs bei van der PLAS, o.c., 138-144.

prj - "heraufsteigen", hier aus den unterirdischen Quellöchern; FAULKNER, Dictionary, 90f.

h) *dšnw* ist natürlich *nšnj* - "wüten, rasen". Entweder ist zu übersetzen "dessen Windung wütet", oder, was mir wahrscheinlicher ist, "der <in (*m*)> seinem gewundenen Lauf wütet". Zu *q3b* als "Windung, Krümmung eines Gewässers" s. Wb V 9,14.

Der fehlende Punkt nach *q3b=f* zeigt an, daß noch etwas folgte.

i) das noch teilweise erhaltene  zu Beginn von Z.4 gehört zu dem verlorenen Verbum des Verses und bildet mit ihm zusammen das 1. Kolon. Lies vielleicht [*ḥwj*]*=f* - "er [strömt]" o.ä.
Zum Bild des Nils, "der sich niederläßt auf dem Hochacker" vgl. den Beleg aus Philae in Wb III 287,11: 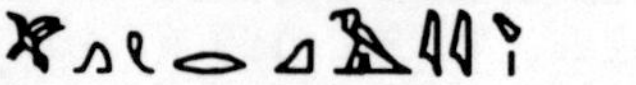 *q^{3}jj(.t)* selbst ist ausführlich besprochen bei SCHENKEL, Bewässerungsrevolution, 1978, 61-65 u.ö.

j) ergänze *ḥr* vor *^{c}ḥ^3* - "bekämpfen", Wb I 215,6-7. Zu *mrw* - "Wüste" < "Seite, Rand" s. OSING, Nominalbildung, 1976, 838f. n. 1127.
Die Überschwemmung erreicht also das letzte Fleckchen Fruchtland und drängt die Wüste zurück. Demgegenüber dringt in Zeiten des Chaos die Wüste immer weiter vor. (Admon. 3,1).

k) *(wnn)-t^3 m-nwn* auch in Inschrift Nr. V in Kawa I, pl. 10,7. Ägypten (bzw. das "Flachland" (*t^3*) im Gegensatz zur "Wüste" (*mrw*)) befindet sich in demselben Zustand wie zu Beginn der Schöpfung, vgl. ÄHG, Nr. 130, Z.118.

l) es ist sicher  zu ergänzen. Wegen der anschließenden Erwähnung des Löwen mag hier von der "Furcht" bestimmter Wildtiere die Rede sein, vielleicht von der der *^{c}w.t-ḫ^{3}s.t*, dem "Wüstenwild", das in Chaoszeiten bis an den Nil vordringen kann bzw. muß, um an Wasser zu gelangen; Neferti 35.

m) 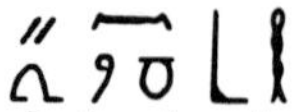 als Tätigkeit des Löwen kann nur "erbeuten" heißen und wird mit dem laut Wb III 63,10 erst aus griech. Zeit belegten 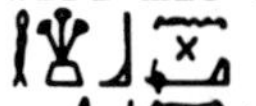 *ḥbn* - "erbeuten (von Wild)" zu verbinden sein. Vgl. a. 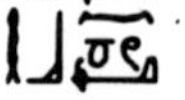 in Med. Habu I, pl. 11, von EDGERTON-WILSON, Historical Records, 2 n. 2a, durch "triumphieren" übertragen.

n) das mit [ ]  beginnende Wort muß etwas Negatives bezeichnen, von dem Ägypten nun "ge-, erlöst" ist; s. Wb IV 116,17. Ob *ḫ^{3}jj.t* - "Leiden, Krankheit" ergänzt werden darf?

o) *nṯr.w* scheint mir die beste Ergänzung. Weil das Land aus Not und Krankheit(?) gerettet ist, können auch die Götter wieder ihre "Feste" begehen.

p) *sw^{3}ḏ-jdb.wj* als Aussage über den König als Sohn des Nil im GrN, XIVb; s. van der PLAS, o.c., 127. Ebenda, VIIc, ist der Nil derjenige, der "die Äcker bespeit" (*bšj-^{3}ḥ.wt*; so mit DeM 1176,10, wo noch  erhalten). S. van der PLAS, o.c., 93f., z.St.

q) vgl. hiermit aus einem Hymnus in pCh.B. IV in ÄHG, Nr. 195, Z.275f: "Wir leben wieder von neuem, nachdem wir eingetreten waren in den NUN, und er einen verjüngt hat zu einem, der zum erstenmal jung ist; der [alte Mensch] wird abgestreift, ein neuer angelegt".

Der erste Abschnitt des Hymnus schildert das Ansteigen der Nilflut, die von Ägypten bis an den Rand der Wüste Besitz ergreift wie ein wilder Löwe. Das Land sieht einer neuen Schöpfung entgegen (*t3 m-nwn*), nachdem es jahrelang brach darniederlag (*jwj=f ... r-ḏb3-rnp.wt n-wzf[=f(?)]*). Vers 4 nennt auch die erste Reaktion der Menschen (*jb-nb-ḫntš*) auf dieses freudige Ereignis. "Ägypten ist erwacht" zu neuem Leben, durch welche Formulierung insbesondere die mit Abschnitt II einsetzenden und eindringlichen Beschreibungen von wiederaufkeimender Vegetation und dem Verhalten der Tierwelt überschriftartig angekündigt werden.

II.

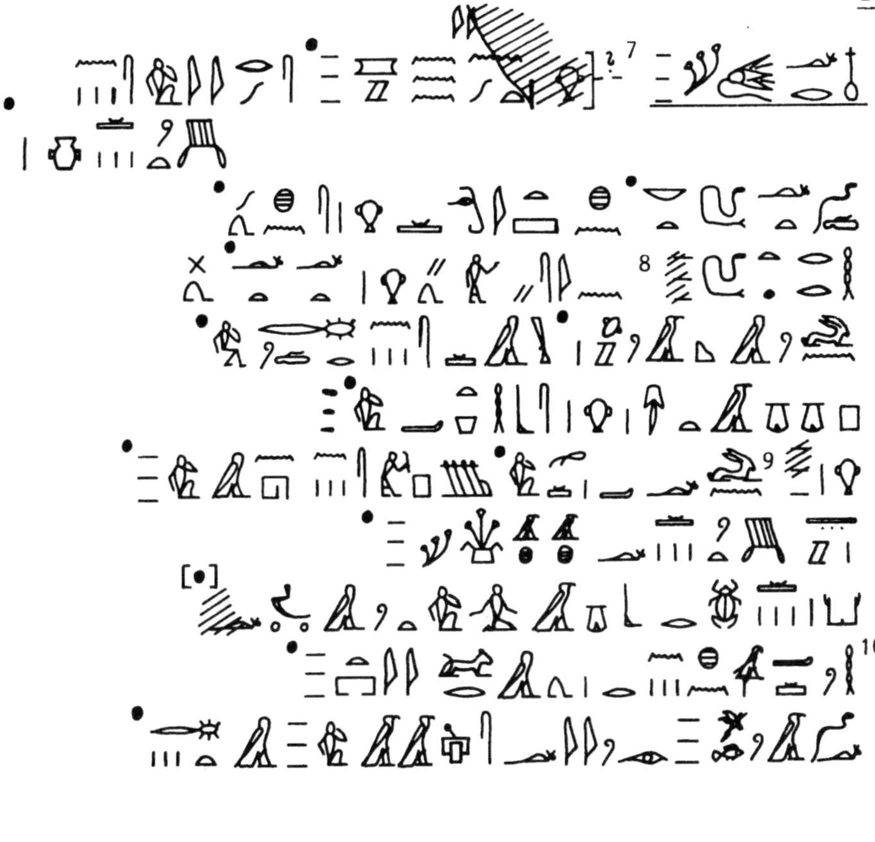

18) 19) 20) 21) 22) 23) 24) 25) 26) 27)

28)
29)
30)

II. Übersetzung (rt. 6-11)

18) <u>Schön sind die Lotusblumen</u> [auf] der Flut, sie verkünden Freude[a)]

19) Jedes Reptil freut sich über das Ereignis,[b)]

20) die *ḫrr.t*-Schlangen gehen hüpfend daher.[c)]

21) Die, die in Erdlöchern hausen, sie wiederholen (ihre) Kindheit.[d)]

22) Die *pgg*-Kröte schreit (= quakt).[e)]

23) Die Gesichter sind heiter, sie nehmen Jauchzen an.[f)]

24) Das ganze Land ergrünt.[g)]

25) Nahrung ist entstanden, (so daß) man aufschreit bei ihrem Anblick.[h)]

26) *ḥw*-Speisen sind ausgestreut im Torweg,[i)]

27) *ḏf3.w*-Speisen, er (= Hapi) läßt sie Sättigung bewirken in den Bäuchen.[j)]

28) Die Zähne tragen Datteln, das Lachen ist (wieder) hervorgekommen.[k)]

29) Ihm zuliebe wird das Klagegeschrei vermieden,[l)]

30) (freudige) Raserei ist an Stelle von Traurigkeit (getreten).[m)]

a) "Lotusblumen an der Nase" der Menschen im GrN, XIIb. Ebd. VIIb ist Hapi derjenige, "der die Flut (*n.t*) gebar". S. van der PLAS, o.c., 91ff., z.St. Das über Z.7 nachgetragene 𓇌 zeigt an, daß wir es mit der Wurzel *nwjj.t* - "Wasser, Flut(en)", Wb II 221,16 (v. Nil), zu tun haben.

sr=sn bezieht sich auf die "Lotusblumen". Das Verb *sr* - "verkünden, vorhersagen" stellt hier ihre Rolle als Vorboten eines fruchtbaren Jahres heraus.

b) Punkt nach *nb.t* ist deplaziert bzw. überflüssig. 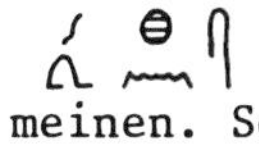 wird hier das "Eintreten, Ereignis" der Überschwemmung meinen. So laut Wb IV 469,21 u. 470,11 erst seit griech. Zeit. Zur Bedeutungsentwicklung des Verbalsubstantivs *zẖnw* - "Suchen, Begegnen" > "zufälliges Ereignis, Eintreffen, -treten" s. OSING, o.c., 535 n. 345. Vgl. die Verbindung *jw-ḫpr-zẖnw-Ḥcpj* in Urk. II 130,11 (= Wb IV 470,4).

ḏdf.t sind die "Reptilien", die sich wohl deshalb über das Einsetzen der Überschwemmung freuen, weil nun eins ihrer hauptsächlichen Beutetiere, die Maus, aus ihren Löchern getrieben wird. Zum Wort s. STÖRK, in: LÄ V, 646 mit n. 13.

c)  kann nicht *njs* - "rufen" (Wb II 204) sein, sondern entweder  "einsinken" (vom Fuß in den Ackerboden; Wb mediz. Texte I 479f.) oder, was besser paßt, 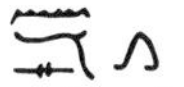 "gehen" (Wb II 321,1-3; erst spät!). S.a. eindeutiges 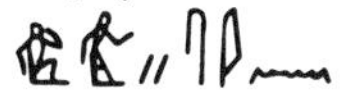 "rufen" in rt. 15 dieses Textes.

Laut GrN, XIIe, "hüpft das ganze Land" aus Freude über den Beginn der Nilflut. Nach pLeyden I 350, II 7 "hüpfen die Fische im Wasser" bei Erscheinen Amuns, s. ÄHG, Nr. 132, Z.15-16. Auch im Großen Atonhymnus taucht das Motiv wieder auf, s. ÄHG, Nr. 92, Z.56-57.

d)  kann aufgrund der Determinative nur zu *qnr/ql/qrj* o.ä. gehören (Wb V 55,1). Im pPushkin 127, col. 3,11 und 4,10-11 taucht es als 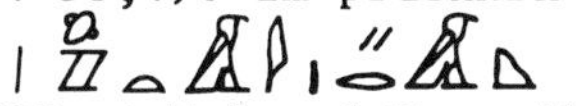 bzw. mit  statt  wieder auf. CAMINOS, A Tale of Woe, 1977, 26; 44, übersetzt dies mit "desert-edge". Der Vers enthält eine die beiden zuvor genannten Erdbewohner (*ḏdf.t* u. *ḥrr.t*) betreffende Bemerkung, und zwar über ihren Lebensraum (*q3w*) wie über ein Charakteristikum von Schlangen: ihre Häutung. Das "Wiederholen der Kindheit" ist eine verhüllende Umschreibung dieser Eigenschaft. Als Analogiebildung zu *wḥm-ẖrd.w* (s. Wb III 398,18) vgl. *wḥm-rnpj* - "wieder jung werden" (Wb I 341,8-10). S. hier a. Abschnitt I, V.17, zur Verjüngung der Alten.

e) *pgg.t* < *pgg* läßt sich zoologisch einstweilen kaum bestimmen. Herr Dr. STÖRK erwägt eine Identifizierung mit dem besonders in Überschwemmungszeiten und -gebieten in großer Zahl auftretenden "gemeinen maskarenischen Frosch" (Rana mascareniensis mascareniensis), aufgeführt bei H. MARX, Checklist of the Reptiles and Amphibians of Egypt, Cairo 1968, 47. Leider hilft das blasse *sbḥ* - "schreien" bei der Artenzuordnung auch nicht weiter.

f) *wnf* - "sich freuen", vom Gesicht Wb I 319,11ff.

šsp=sn-nhmw vielleicht analog zu *šsp-cḥ3* - "zu kämpfen anfangen" (Wb IV 533,12) hier dann "sie beginnen zu jauchzen". Eine der unseren sehr ähnliche Aussage liegt vor im GrN, IIId: "jedes Gebiß hat Lachen angenommen" (*šsp.n=s-sbṯ*). Ebd., XIb, "jubelt das südliche Kollegium" dem Hapi zu.

g) lies *<r>-^{3}w(.t)=f*, Auslassung des *r* vielleicht durch korrektes *^{3}w.t(-jb)* in Z.7 beeinflußt. Derselbe Fehler im GrN, XIIc, nach der Var. Tur. (*p^3-t^3-^{3}w*[--]).

h) *bg^3* anscheinend bisher nur als Subst. "Geschrei o.ä." (Wb I 482,11) belegt. Determ. durch  beruht auf Kontamination mit dem Stamm *b^{3}gj* - "müde sein; Müdigkeit"; dazu spez. BORGHOUTS, in: OMRO LI, 1970, 120 n. 257.

k^3/k^3.w ist wegen *m^{33}=f* als Kollektivplural zu verstehen.

i) vgl. GrN, XIId: *bw-nfr-ḫnr m-jwjj.t* - "das Gute ist ausgestreut im Stadtviertel". HELCKs Emendation des dortigen  u.ä. zu *ḫnj* - "sich niederlassen" ist unnötig, *ḫnr/ḫl* mit der Bedeutung "zerstreuen, ausstreuen" gut belegt. Zur Wurzel *ḫl* s. OSING, o.c., 617 n. 618.

In der Eulogie auf den Lehrer in pLansing 14,4 (= LEM 114,3-4) heißt es: *rwjj.t=k-bꜥḥ.tj ḥr-ḏf^3.w* - "dein Torweg sei überflutet mit Speisen". S.a. Č-G, HO I, pl. CXII 2, Z.3-4 (= [Anastasi I 3,1]).

j) zum Sattwerden durch die Erzeugnisse der Überschwemmung s. GrN, XIIa, und die bei van der PLAS, o.c., 115f., z.St. genannten Verweise. Ob *ḏf^3.w* wegen der Determinative hier speziell als "Nahrung (bestehend aus Fisch und Geflügel)" zu verstehen ist wie

 ?

k) dieser Vers ist von Abschnitt IIId, letzter Vers, des GrN beeinflußt: *jbḥ-nb-kf^3.w*. Im 1. Vers von IIId des GrN heißt es: *ṯz.t-nb.t šsp.n=s-sbṯ*. Zu diesen Stellen und allgemein zur anthropologischen Bewertung des Lachens im alten Ägypten neuerdings GUGLIELMI, in: CdE 55, 1980, 69ff.; esp. 69 n. 2 u. 76.

bnj hier wohl nicht "süß sein o.ä. / Süßigkeit", sondern konkret "Datteln"; zur Wurzel *bnj*, und nicht *bnr*, s. SCHENKEL, in: MDAIK 20, 1965, 115 u. OSING, Nominalbildung, 623 n. 635.

l) *mkḥ(3)* mit GARDINER, in: Ägypt. Studien (FS GRAPOW), 2, "eschew", also "verabscheuen, sich enthalten, vermeiden".

dnjj.t/djj.t - "Wehgeschrei" (Wb V 466f.) weist auf die rt. Z.2 angesprochenen Notjahre zurück.

m) *nšnw* muß hier in positiver Opposition zu *nqm.t* - "Trauer" stehen, ich sehe in der "Raserei" eine übertreibende Bezeichnung für die unbändige Freude, die das ganze Land erfaßt hat. Vgl. a. die deutsche Wendung "sich rasend freuen". Lies ferner *m-ḏbꜣ<n->*; Ausfall des Genitivs durch Assimilation an */n/* von *nqm.t* (Wb V 559,11ff.).

Überschwengliche Freude erfaßt Mensch und Tier über das Wiederaufblühen der Natur und die dadurch gegebene Nahrungsfülle. An die Stelle von Trauer und Klagen ist das Lachen getreten. So wie der alte Mensch sich (nach I V.17 = rt. 6) verjüngt, machen auch die in Erdlöchern hausenden Reptilien eine neue Kindheit durch (V. 21 = rt.8).

III.

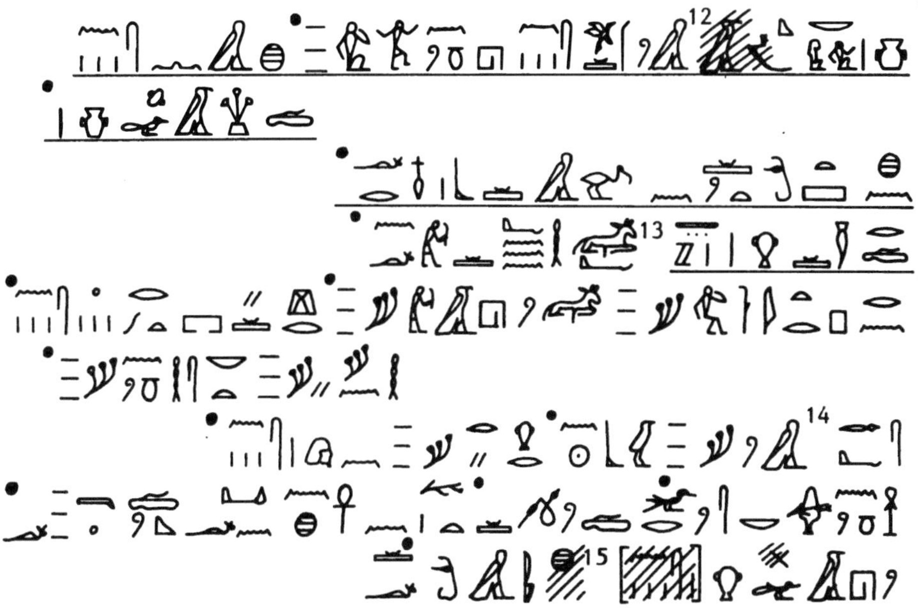

31) 32) 33) 34) 35) 36) 37)

III. Übersetzung (rt. 11-15):

31) Alle Herzen verbreiten Jauchzen (und) vergessen die Demütigung. a)

32) Man freut sich über das Auffinden von Gutem. b)

33) Es wächst auf der Erde das, was er (=Hapi) bewässert hat. c)

34) Alle *rnp.t*-Pflanzen sind beladen mit ihren Früchten, alle *ḥn*-Pflanzen erfrischt(?). d)

35) (die) *s^{c}3m*-Pflanzen sind aufgegangen, (mit) Blüten an ihrer Spitze.[e)]

36) jeder Baum ist gepflanzt, der Lebensbaum spendet seine Früchte,[f)]

37) aus [denen] sein Geruch entrinnt.[g)]

a) *qm3* im Sinne von "Freude verbreiten; Lobpreis darbringen" nach Wb V 35,16-17. *dḥ3-jb* ibid. 480,6. Auffallend ist die "Konstruktion" Nomen + *sḏm=f*, die auch in V.36 (= rt. 14) wieder begegnet. Dieser Adverbialsatztyp prägnant abgehandelt von JUNGE, in: RdE 30, 1978, 96-100.

b) *bw-nfr* von HELCK, o.c., 75, in Abschn. XIId treffend mit "Glück" übersetzt. S. van der PLAS, o.c., 118 z.St. Vielleicht darf hier mit "Pracht, Schönheit" angesichts der blühenden Pflanzen und Bäume sowie deren Duft übersetzt werden.

c) die Graphie von *jwḥ* (Wb I 57,1-8) ist bemerkenswert und beruht auf Kontamination mit *j^{c}j* - "waschen", s. z.B. 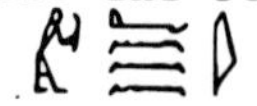 in DeM 1075,5.

jwḥ-š3.w - "der die Weiden befeuchtet, (um alles Kleinvieh leben zu lassen)" im GrN, Id; s. van der PLAS, o.c., 58f., mit weiteren Parallelen.

d) Schreibung von *rnpw.t* kontaminiert mit *rnpj* - "Jüngling" und *ptr* - "sehen".  -Determ. nach *jwh* (Wb I 56,18) infolge der es gehäuft umgebenden Pflanzennamen eingedrungen. Vgl. aber a. richtiges 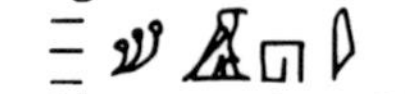 in vs. 9, so daß zusätzlich Vorauserinnerung an dieses, lautlich ähnliche(?) Wort mitgespielt haben könnte.

Die *ḥn*-Pflanze ist anscheinend noch nicht identifiziert. Aus den "Pleasures of Fishing and Fowling" geht hervor, daß es sich um eine Sumpfpflanze handeln muß. S. die Stellen bei CAMINOS, Literary Fragments, pl. 2, 1.7.8; ferner Wb Drogennamen, 351.

e) *s^{c}3m* laut GERMER, Arzneim.pfl., 302ff., nicht bestimmbar. Nach mündlicher Mitteilung von Frau Dr. GERMER hat es diese von DAUMAS, in: FS EDEL, 1979, 66ff., esp. 72ff., als Vitex agnus castus L. (franz. gattilier) identifizierte Pflanzenart in Ägypten nie gegeben.

n-tp=sn steht wohl für *m̲-tp=sn*; Assimilation des /*m*/ an /*t*/ zu /*n*/.

f) Hapi als Lebensspender "aller Bäume" im GrN, Va, und s. die bei van der PLAS, o.c., 81, z.St. angeführten Parallelen. Der König als Spender der "Lebensbäume (mehr als ein großer Nil)" im

Enseignement loyaliste, § 3,4 (ed. POSENER, 1976, 23 z.St.). Die Lesung auf dem von CHAPPAZ, in: BSEG 7, 1982, 3 ff., veröff. Ostrakon (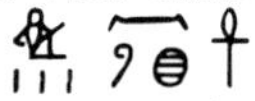) halte ich für falsch.
dqr.w sind spez. die "Baumfrüchte"; Sin B 83.241.

g) *whj* + *ḥr* heißt "entrinnen, entkommen, entgleiten aus" (Wb I 339,3), hier vom "Ausströmen" des Geruchs aus den Früchten des Lebensbaumes. Deshalb ist  nach *whj-ḥr* zu ergänzen.

Das zentrale Thema dieses Abschnittes bildet die üppig wiederaufkeimende Vegetation, nachdem der Nil das Land befeuchtet hat (*jwḥ-n=f*). Die Menschen können sich an der Blütenpracht und Fülle der duftenden Früchte gütlich tun. Wird die Reaktion der Natur im GrN nur sporadisch und meist unzusammenhängend zur Sprache gebracht, so nimmt sie in diesem Hymnus eine wesentlich bedeutendere Stellung ein. Sie erinnert stark an die lebhaften Schilderungen der großen Hymnen etwa auf den Schöpfer im Leydener "Tausendstrophenlied" oder Echnatons Sonnengesang. Ein Vergleich des GrN mit dem hier bearbeiteten unter dem Aspekt von Thematik, Gliederung und der Frage einer möglichen literarischen Abhängigkeit des einen vom anderen soll an anderer Stelle erfolgen. Ich rechne vorerst mit einer Anlehnung dieses bisher einmalig überlieferten bzw. erhaltenen Textes vom dutzendfach bezeugten GrN. Mehr als eine Unterstellung ist das aber nicht.

IV.

38)
39)
40)
41)
42)

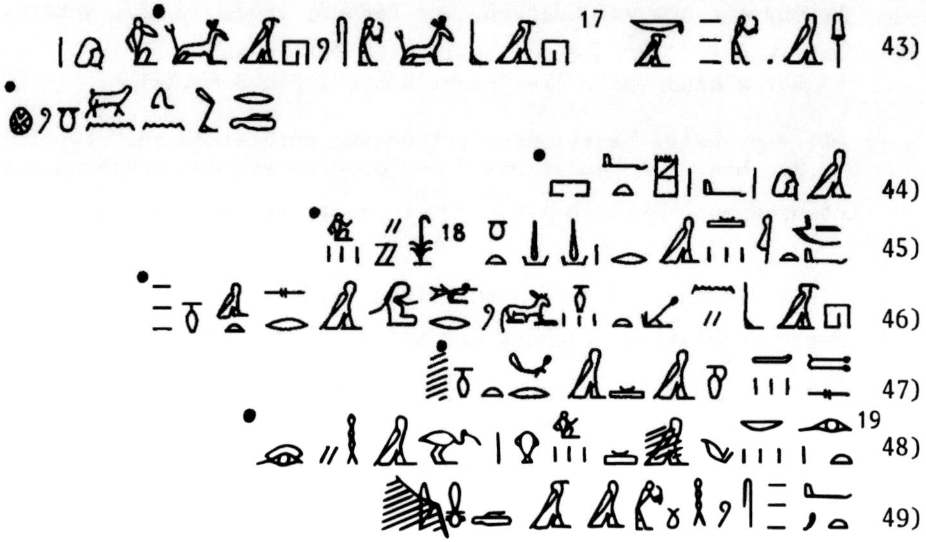

IV. Übersetzung (rt. 15-20):

38) Die Ohren nehmen das auf, was gerufen wird, •a)
39) die Herzen nehmen Ruhe (?) an. •b)
40) Kleine [hören auf(?)], alte Leute zu [schmä]hen, •c)
41) Bürger begrüßen Große/Beamte(?) respektvoll. •d)
42) Die junge Generation preist ihren Herrn, •e)
43) gewalttätige Machthaber rühmen • die Dienstordnung der Residenz •f)
44) als Vorderste des Palastes(??). •g)
45) Maat ist im Munde des südlichen Kollegiums. •h)
46) *hbn.t*-Krüge sind schwanger mit Dattelbier, •i)
47) die Zähne vereinen sich mit *ḏsr.t*-Bier. •j)
48) Jedes Auge der Verhörenden sieht. •k)
49) Die Glieder sind bekleidet mit rotem Leinen. •l)

a) *ḫnp* ist entweder die Wurzel "einatmen" (Wb III 291,1: "Isis, die den Samen des Osiris in sich aufnahm") und dann richtig determiniert, oder *ḫnp* - "rauben", was auch "auffangen" bedeuten kann (Wb III 290,12-13). Dann wären die Determin. von vorangehendem *ḫnmw* -

"Geruch" beeinflußt. *ḫnp* - "(jedes Herz hat) empfangen" in GrN, VIIa, wird von HELCK, o.c., 43, gegenüber *ḫntš* seiner Lesung zugrundegelegt.

njs - "rufen" hier deutlich von  in rt. 8 unterschieden!

Der Vers besagt also nichts anderes, als daß die Ohren wieder richtig hören können. Laut GrN, IId, sind die "Nasen verstopft", wenn der Nil ausbleibt. Hier vorliegende Aussage gehört in denselben Vorstellungskreis. Die menschlichen Organe funktionieren nur bei rechtzeitigem Eintritt der Überschwemmung.

b) für *ṯjs* hat BORGHOUTS, in: CdE 55, 1983, 114 n. 7, die Bedeutung "composedness(?)" vorgeschlagen und auf eine mögliche Verbindung mit *tjs* - "sich setzen" (Wb V 242,12-18) verwiesen. Ich habe nichts Besseres anzubieten.

c) die Lücke nach *ktt* ist für [ o.ä.] vielleicht zu klein. Die bei POSENER auf dem Photo erkennbaren Zeichenreste könnten für  sprechen (MÖLLER, HP II, Nr. 578), s. hier vs. 4.

Das erste Wort in rt. 10 wird zu  o.ä. zu ergänzen sein, s. 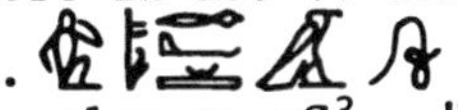 u. 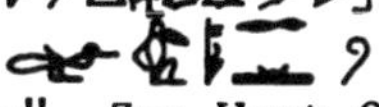 in Wb I 279,14-17, also zu *wꜥꜣ* - "schmähen". Zum Wort OSING, Nominalbildung, 524f. n. 313. Vielleicht ist auch nur  in der Lücke zu ergänzen, vgl. 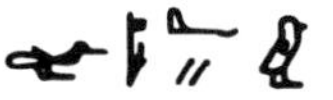 in pTur. 43,9 = RT 33, 1911,89.

d) mit den *wr.w* sind die Beamten und allgemein "Höhergestellten" gemeint. "*nḏs* "le jeune", opposé à *wrw*" bei BERLEV, Obchestvennijje, 86-90 (mir nur aus MEEKS, Alex II, Nr. 78.2333 bekannt).

e) mit *nb=sn* wird der König gemeint sein, s.a. folgenden Vers mit Nennung von Residenz und Palast. Allerdings könnte im Lichte von GrN, XIb (bei Zugrundelegung aller Varr. außer Č-G XCIV,3) auch an Hapi als den "Herrn" zu denken sein, denn es heißt dort: "es jubeln dir zu deine *ḏꜣmw* und deine Kinder"; hierzu n. 632 bei van der PLAS, o.c., 185.

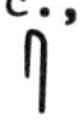 vor *dwꜣ* kann nur durch Fehlinterpretation der Gruppe als *sbꜣ* entstanden sein.

f) d.h. sie halten sich wieder an sie. Individueller Machtmißbrauch wird durch rechtzeitiges Kommen Hapis ausgeschlossen.

g) sie bemühen sich also, mit ihrem überschwenglichen Lob die "Ersten am Platze" zu sein.

h) *ḏꜣḏꜣ.t-rsj.t* auch in der Var. Č-G XCIV,3 (= GrN, XIb). HELCK, o.c., 69b, sieht darin sicher mit Recht die beste Lesung gegenüber *ḏꜣmw* der übrigen Hss. Nur ob seine Interpretation als "alter Verwaltungsausdruck", der in der Ramessidenzeit außer Gebrauch gekommen sei, richtig ist, möchte ich bezweifeln.

Es sind aus der Zeit zwischen Sethos I. und Ramses III. im Felsen bei Gebel es-Silsileh insgesamt vier weitgehend gleichlautende, an Hapi gerichtete, und von BARGUET "stèles des donatious" genannte Inschriften erhalten, in denen der terminus *ḏꜣḏꜣ.t-rsj.t* dreimal genannt wird. Laut Z. 4 der Textzeugen von Ramses II. und Merneptah ist dieses Kollegium dem Urgott Nun zugeordnet: *sḥtp-Nwn jnj-sw m-ḥtp / ḏꜣḏꜣ.t=f-rsj.t ẖnm=sn-ršw.t* - "(Du, Hapi, bist derjenige), der den Nun zufriedenstellt, der ihn in Frieden herbeiholt / seine *ḏ.-r.* ist voller Freude". In Z. 6 heißt es: "Dann suchte SM nützliche Taten für den Vater der Götter (s.o. rt. 1-2) und die *ḏ.-r.*, die über der Flut ist (*tpj-nwjj*)", und in Z. 8 befehlen die Könige neben Amonrasonther, Hapi, dem Vater der Götter, auch der *ḏꜣḏꜣ.t-rsj.t tpj-nwjj* "Opfer niederzulegen" (*wꜣḥ-ꜥꜣb.t*). Der Textzeuge Sethos'I. determiniert *ḏ.-r.* mit dem sitzenden Gott  . Ein König bringt aber einem Beamtenkollegium keine Opfer dar. Für weitere Verweise s. den Bearbeiter der Stelen BARGUET, in: BIFAO 50, 1952, 49-63, esp. 58f. mit n. 1, sowie YOYOTTE, in: Kêmi 17, 1964, 72 n. 5. Das Determ.  in unserem Text statt zu erwartendem  spricht angesichts der Silsileh-Stelen nicht im mindesten gegen vorgeschlagene Interpretation.

i) *hbn.t* eine Maßeinheißt in Krugform von unbekannter Größe; GARDINER, Eg. Gramm., § 266.1.

srm.t wahrscheinlich der noch unvergorene, ausgepreßte Dattelsaft; GERMER, Arzneimittelpflanzen, 160f.

j) 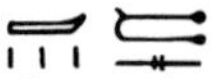 ist *ṯz.t* - "Zähne, Gebiß" (Wb V 409,9-12). Es dürfte ein weiteres aus dem GrN, IIId, übernommenes Stichwort vorliegen, dort in Parallelismus mit *jbḥ.w* - "Zähne".

Zum *ḏsr.t*-Bier s. HELCK, Bier, 18f. u.ö.

k) soll wohl heißen, daß die Augen der Richter den Übeltäter vom Unschuldigen unterscheiden können, oder, was mir noch wahrscheinlicher anmutet, daß sie ihre Augen nicht - wie in den "Jahren der Trägheit" des Nils (= Chaos) - vor begangenen Verbrechen und deren Sühnung verschließen. Der Vers enthält bei letzterer Interpretation dann eine vorsichtige Umschreibung der vormaligen Bestechlichkeit der "Verhörenden".

l) zur Verbindung *ꜥ.t-swḥ* verweist MEEKS, Alex II, Nr. 78.3703, auf 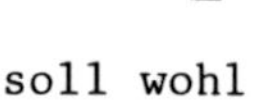 in Denderah III 12,5;8, was er *s(w)ḥ-ꜥ.t* lesen möchte und durch "revetir les membres" überträgt.

ꜣdmj < *jdmj* sind meist rote "farbenfrohe göttliche Festkleider" mit KEES, Farbensymbolik, 464. Zum Motiv der durch prächtige Kleider geschmückten Glieder s.a. Text III.1.2,5 : *ꜥ.wt-wbḫ.t m-ḥbs.w*.

Abschnitt IV thematisiert die geradezu umwälzenden positiven Auswirkungen von Hapis Steigen auf das soziale Verhalten der Menschen. Im Zentrum steht die Beobachtung, daß junge Leute die ältere Generation wieder respektieren, gewöhnliche Bürger die Honoratioren und Staatsbeamten "grüßen", ja, daß sogar Inhaber von Machtpositionen sich nun wieder der Autorität Pharaos (s. *h̠nw* u. *ᶜḥ*) unterordnen. All' dies läßt darauf schließen, daß in (womöglich mehreren aufeinanderfolgenden) Jahren des Ausbleibens des Nils ein fürchterliches Chaos in Ägypten geherrscht haben muß[1]. Nun aber ist reichlicher Vorrat an berauschenden Getränken (*srm.t*; *d̠sr.t*) vorhanden und allgemeine Feststimmung angesagt (V. 49).

Eingerahmt wird der Abschnitt von den Versen 38 und 48: Die Ohren derjenigen, die bei maatgemäßem Funktionieren der äg. Gesellschaft auf die Worte ihrer Vorgesetzten hören, "empfangen" jetzt wieder ihre Anweisungen, sind nicht mehr "verstopft", wie der GrN sagt. Gehorsam ist wieder eingekehrt. Die Richter "sehen" das, was sie vorher "übersehen" haben. In diesem Sinne, im Hinblick auf korrektes Sozialverhalten und Wiedereingliederung in die überkommenen hierarchischen Strukturen, sind so banal anmutende Formulierungen wie in V. 38 und 48 zu verstehen.

---

[1] so sollten auch die Mahnungen des Ipuwer nicht mehr durch die "politische Brille" (Machtverfall am Ende des AR u.ä.) gesehen werden. Ich bin der Meinung, daß der GrN wie der hier behandelte Text das exakte positive Gegenstück zu den Schilderungen in den Admonitions als dem markantesten Repräsentanten von Chaosbeschreibungen darstellen. Diese These soll unter phraseologischem Aspekt andernorts begründet werden. Einen wichtigen Schritt in diese Richtung hat F. JUNGE in seinem Artikel "Die Welt der Klagen" in der OTTO-Gedenkschrift, 1977, 275-84, getan, wenn er auf die Topisierung der einzelnen Chaossymptome einen seiner Hauptakzente legt. Nur sieht er die Zielgruppe dieser literarisch verschriftlichten "Sprechsitte", nämlich die Beamtenschaft, m.E. zu eng abgesteckt.

V.

50)
51)
52)
53)
54)

V. Übersetzung (rt. 20 - vs. 2):

50) Die Tempel sind glänzend durch Kulthandlungen,• a)

51) die Opfer sind beständig auf (ihrem) Platz.• b)

52) [Geöffnet] sind die Türflügel, wegen der Herren der Ewigkeit,•
so daß die göttlichen Falken zufrieden sind.• c)

53) Erleuchtet ist die Fackel im *t*^{3}*w.t*,• wenn die Götter sich nähern.• d)

54) [---](?) (vs. 1) [*rsf*(?)] *p*^{3} [ ] *mw.tw*.•

a) *sbq* < *sb*^{3}*q* - "hell machen", Wb IV 86/7. - *ḫn.t* meint hier die "Kulthandlung(en)" mit Wb III 102,3.

b) *mn* von "Opfern" Wb II 62,1.

c) ich vermute   *wn* - "öffnen" vor 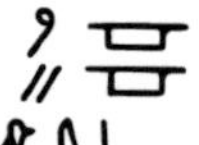, s. das häufige *wn-*^{c}^{3}*.wj* in Wb I 311,3.  muß der Plur. zu *bjk-nṯrj* sein.

d) BORGHOUTS, l.c., 114 n. 7, verweist auf *t*^{3}*r* in pKahun (Berlin) 10050, vs. 3.6; s. SCHARFF, in: ZÄS 59, 1924, 49. Dort scheint es sich um einen höhergelegenen Raum im Tempel zu handeln, von dem aus man die Umgebung übersehen kann.

 ist eine Kurzschreibung von *tkn* - "sich nähern" (Wb V 333ff.).

Der kultische Kontext, auf den dieser Vers anspielt, läßt m.E.

zwei Deutungen zu, je nachdem, ob man das "Fackelanzünden" auf die vorangehenden Verse bezieht oder auf die folgenden, leider sehr zerstörten. Bei Annahme der ersteren Alternative könnte dann die Zeremonie des Fackelbrennens am Neujahrstag angedeutet sein. SCHOTT, in: ZÄS 73, 1937, 20, schreibt hierzu: "Am Neujahrstag,..., beginnt der Nil zu steigen. Nilgötter kommen mit ihren Gaben unter den Tempeltreppen empor und steigen auf ihnen zum Tempeldach hinauf. Zum Neujahrsfest werden auch in den Tempeln Fackeln angezündet". Somit könnte *ṯꜣw.t* tatsächlich einen höher gelegenen Tempelteil bezeichnen.

Es besteht aber meiner Ansicht nach noch eine andere Möglichkeit, *sḥḏ-tkꜣ.w* etc. zu bestimmen. Das noch erhaltene  am Ende des V. Abschnitts in vs. 2 darf vielleicht als Hinweis auf die ebenfalls am Neujahrstage in Privatgräbern festlich begangene Sitte gewertet werden, die "Verstorbenen" (s.u. *mw.tw*) aufzusuchen und mit ihnen "einen schönen Tag" im Grab zu feiern. Dabei wurden ebenfalls Fackeln angezündet; s. SCHOTT, Festdaten, 68. 71.

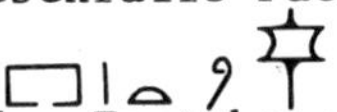 wäre dann der terminus für den Raum im Grab, in dem das Fest begangen wurde. Ob es sich um die Querhalle handelt, die nach Ausweis stereotyper Deckeninschriften eine enge Beziehung zum "Nordwind" hat, *ṯꜣw.t* somit etymologisch zu *ṯꜣw* - "Wind, Luft" gehört?

Thematisch ist Abschnitt V GrN, IIc zu vergleichen: "(der Gerste schafft und Emmer entstehen läßt), auf daß er die Tempel festlich ausstatte" (*sḥꜣb-rꜣ.w-pr.w* mit Gol. u. Wils.); Übers. nach ASSMANN, ÄHG, Nr. 242,13. Vgl. ferner GrN, XIII. Opfer und jegliche Kulthandlung für die Götter können nun wieder ritualgemäß vollzogen werden. Auch scheint man sich der Toten zu erinnern und sie an der Kontaktstelle zwischen Diesseits und Jenseits, in ihren Gräbern aufzusuchen.

VI.

56)
57)

58)
59)
60)

VI. Übersetzung (vs. 2-6):

56) Entblößt(?) [---] des Kabinetts.•a)

57) (Wieder)gefunden ist das "Zauberbuch zum Eintauchenlassen" der wütenden Krokodile,• so daß deren Herzen stechen.•b)

58) Das Wasser ist frisch unter seinen Sprüchen.•c)

59) Alle Fische sind schwanger mit Laich,•d)

60) der in die Flut getrieben wird.•e)

a) zum Bedeutungsspektrum von *kfꜣ* s. HORNUNG, in: ZÄS 87, 1 θ2, 1 5f. - In der Lücke muß eine Räumlichkeit genannt gewesen sein innerhalb des *ꜥḫnwtj*, in der die gleich zitierte *sḫm*-Schrift entdeckt wird, also eine Art Archiv. *ꜥḫnwtj* wird hier kaum das "Kabinett" oder die "Audienzhalle" sein.

b) 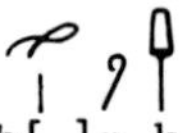 *sḫm* mit BORGHOUTS, l.c., 1 4 n. 7, unbekannt. Folgendes *sh*[ ]*p* kann wegen des Bezugs auf die *dpjj*-Krokodile nur zu *sh*[*r*]*p* - "eintauchen" (Wb IV 2 9,2 ; erst griechisch) ergänzt werden. Das  -Determ. statt zu erwartendem  rührt daher, daß *sḫm-n-shrp(-dpjj-nšnj)* den Titel eines Zauberbuches mit magischen Sprüchen (s. V. 58 = vs. 5: *rꜣ=sn*) zur Abwehr bzw. zum "Eintauchen" von Krokodilen darstellt.  verweist also auf die Rezitation eben dieser Sprüche.

In dem Bücherkatalog der Tempelbibliothek von Edfu wird z.B. an zwei kurz aufeinanderfolgenden Stellen (Edfou III 347,1 2 348 ,1)eine "Rolle" (*ꜥr.t*) mit dem Titel 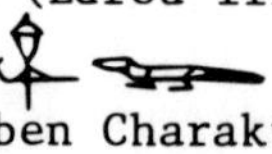 *ḥsf-msḥ* - "Abwehr des Krokodils" aufgeführt. Denselben Charakter und Zweck muß auch die *sḫm*-Schrift gehabt haben. Mit dem magischen pHarris (ed. LANGE, 1 9 2 7) liegt uns ein solches "corpus incantationum"

(LANGE, 9) in voller Länge vor. Sein Titel lautet: "Die schönen Sprüche zum Singen, die den Schwimmenden abwehren" (AI 1; mit "dem Schwimmenden" (*p3-mḥj*) ist das Krokodil gemeint). In D II 6-7 (= V. 15-16 bei LANGE) heißt es: "Du (= Schu) wehrst den Wütenden, der aus dem Nun emporsteigt, ab / in diesem deinem Namen von: der, welcher die Wütenden abwehrt" (anderer Name des Krokodils). Die o. vorgenommene Ergänzung *sh [r]* "Eintauchen (lassen)" könnte durch die Anrede an die Krokodile im mag. pHarris (F III 7) eine Bestätigung erfahren: "Ihr, die untertauchen, kommet nicht empor!" (*ntj-hrp nn-bsjj=tn*; vgl. a. T VIII, 7, V. 8-9 nach LANGE). Im weiteren Textverlauf wird Amun aufgefordert, die Krokodile "auf dem Flusse abzuwehren" (*ḫsf=k-n=j ... msḥ.w ḥr-jtrw*; I VI 4-5). Was die Determinierung unseres Zauberbuches *sḫm n-sh[r]p* durch und dessen Position nach *sh[r]p* angeht, so läßt sich auch hierzu eine ungefähre Parallele aus dem mag. pHarris heranziehen. Die 2. Gruppe von Sprüchen in jenem Text beginnt mit dem Titel: .
(K VI 10) - "Der erste Spruch allerlei auf dem Wasser gebräuchlicher Beschwörungen" und LANGE, o.c., 55, bemerkt dazu: "Der Schreiber hat nicht falsch gestellt; obschon wir es vor erwarten. Aber wie es dasteht, lässt es sich nach ägyptischer Orthographie rechtfertigen, denn *šḥś* (sic!) *m mw* kann als ein Begriff "incantationes marinae", "die auf dem Wasser gebräuchlichen Sprüche" gefasst werden, und das Determinativ und die Pluralstriche stehen dann korrekt.".

ḫns kann trotz -Determ. nur *ḫnws* - "stechen" sein, das in mediz. Texten (Bln 154; Eb 85s; intrans.) als Krankheitssymptom vom Herzen (!) verwendet wird. Die Gleichung *ḫns* = *ḫnws* führt dann auch unweigerlich zu der weiteren von = , *jb* - "Herz". In GrN, Xa (S.II ;An .VI I) wird *jb* so geschrieben: bzw. ; allgemein hierzu FECHT, Wortakzent, § 122 u. 205.

c) zu *mw-rnpj* als einer "qualification de l' inondation" J. Cl. GOYON, Le papyrus du Louvre N. 3279, 53 n. 3 mit Verweisen; s.a. Urk. IV 447,10; 1373,15.

r3=sn kann trotz Plur.-Suff. nur auf die *sḫm.* - Zauberrolle gehen, in der diese "Sprüche" niedergeschrieben sind.

d) *ḥdwjj.t*, lit. "das Weiße", muß eine neue Bezeichnung für den "Rogen, Laich" sein, der sonst schlicht *swḥ.t* - "Eier" genannt wird, s. Lehre des Dua-Cheti (pSall. II 4,8), wogegen allerdings SEIBERT, Die Charakteristik I, 114, Einwände erhob. Vielleicht liegt mit *ḥdwjj.t* jetzt die erste einwandfreie als "Laich" anzusprechende äg. Vokabel vor. Zu *swḥ.t* und s. GAMER-WALLERT, Fische und Fischkulte, 49-50.

e) *s*^{c}*q r-nwjj(.t)* heißt nichts anderes als "laichen" an vorliegender Stelle.

Das Wiederaufleben des Kultbetriebs in den Tempeln (s.o. V) bringt es mit sich, daß auch die örtliche Bibliothek wieder benutzt wird. Denn aus einer solchen muß ja die *sḫm*-Schrift stammen (s. die Edfu-Stellen). Nun können die Krokodile wieder beschworen und vertrieben werden, so daß das Wasser "frisch", d.h. von ihnen "gesäubert" ist.

VII.

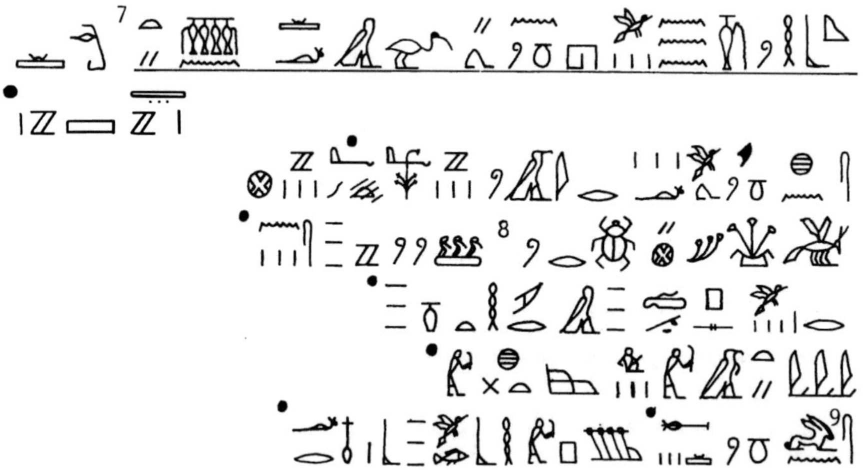

61)
62)
63)
64)
65)
66)

VII. Übersetzung (vs. 6-9):

61) Der Zugvogel ist herabgekommen und findet das Südland <als> See vor,[a]

62) auf den Tells Oberägyptens läßt er sich nieder.[b]

63) Chemmis ist zu ihrem (= seinem?) Nest geworden.[c]

64) Graugänse glänzen vor Fett.[d]

65) Vogler sind <beim> Fallenstellen,• [e)]

66) Pfeile • erzielen einen guten Fang.• [f)]

a) 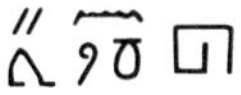 muß zu *h^{3}j* - "hinabsteigen" gehören, vgl. die Graphie dieses Verbums (trans.) in  (Wb II 475,2-3). Zum "Herabsteigen von Vögeln nach Ägypten" s. noch Wb II 473,7, spez. von "Zugvögeln" bei ALLIOT, in: RdE 5, 1946, 81 n. 3.

Das lautliche Phänomen, das mit *hn(w)* < $h^{3}j$ vorliegt, könnte eng mit der späteren Ersetzung von älterem 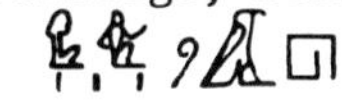 (Ptahhotep, 320 nach P) durch 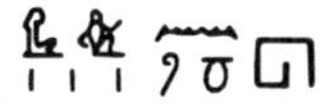 (ibid. nach L2) zusammenhängen, worauf FRANKE, Altäg. Verwandtschaftsbez., 1983, z.B. 246f. (Beleg 1ff.), aufmerksam macht. Die Entwicklung von *^{3}* > *n* nach */h/* ist behandelt bei OSING, Nominalbildung, 779, anhand des Wortes *bh^{3}* (> *bhn*).

qbḥw ist der "Zugvogel", s. die schöne Besprechung bei EDEL, Jahreszeitenreliefs, NAWG, 1963 Nr. 4, 106-110. Fische und Zugvögel sind ebenfalls direkt hintereinander genannt in GrN, IIa; s. HELCK und van der PLAS, z.St. S.a. neuerdings die interessanten Ausführungen von GOELET, in: BES 5, 1983, 41-60, esp. 52-60 zu *qbḥw*.

ẖntj-t^{3} š(j) lese ich als *ẖntj-t^{3}* <*m*>-*š(j)*. Daß in den Versen 61-62 das "Südland" bzw. "Oberägypten" genannt wird und erst in Vers 63 "Chemmis" als Vertreterin Unterägyptens, weist natürlich nicht auf eine Einflugroute der Zugvögel von Nubien nach Ägypten hin, sondern entspringt der Regel, wonach der Süden des Landes bei Aufzählungen dem Norden vorangeht; s. POSENER, in: NAWG, phil.-hist. Kl. I, 1965, 71/2. - ODeM 1107,4 enthält vielleicht einen Hinweis auf den im Frühjahr einsetzenden Rückflug der Zugvögel:

b) zu *sḫn r-...-* " sich niederlassen auf/an..." s. die o. zu I V.10 zit. Stelle aus Philae.

j^{3}.w(t) sind die Tells oder Erhebungen, die aus der Überschwemmung noch herausragen; dazu POSENER, L'Enseignement loyaliste, 46, 1-2. Anders BORGHOUTS, l.c., der in *j^{3}w* mit CT V 257 a ein neues Wort sehen will. Ich schließe mich aber FAULKNER, Eg. Coffin Texts, II, 68 n. 1 zu sp. 420, an.

c) Chemmis als "Nest" spez. als mythische Lokalität der Aufzucht des Horus. Suffix nach *sš* wohl fälschlich für *=f*, s. V.61 *gm=f*, V.62 *sḫn=f*. *sš* in dieser Schreibung kann jedoch auch wie bei CAMINOS, Literary Fragments, 13; 16; 37, mit "Vogelteich" wiedergegeben werden.

Nach *ḫpr* ergänzem, infolge Zeilenwechsels ausgefallen.

d) diese hübsche Notiz spielt auf die Eigenschaft der Tieren an, ihr Gefieder "einzufetten" mit Hilfe ihres Schnabels, worauf mich Herr Dr. Störk dankenswerterweise aufmerksam macht. 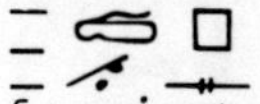 ist *psd* – "(er)glänzen" (Wb I 556f.) mit leicht deformiertem  Determinativ.

e) *sẖ.tw* hier wie in den von CAMINOS, o.c., edierten "Pleasures of Fishing and Fowling" die Fallensteller bei der Vogeljagd mit dem Schlagnetz.

f) Punkt nach *swnw* trennt 1. Kolon vom folgenden ab, lies: *swnw* <*ḥr*>*-šsp-ḥ(^{3})b-*{*bw*}*-nfr*. *bw* nach *ḥ(^{3})b* wegen /*b*/-Auslaut von *ḥ(^{3})b* und wohl auch wegen *bw-nfr* in rt. 12 hier ergänzt. Zur häufigen Verbindung *ḥ^{3}b-nfr* s. W. GUGLIELMI, Reden, Rufe und Lieder, 165f.; 174. Der Terminus ist archaisierend gebraucht, im NR tritt an seine Stelle *rsf* (Wb II 449).

Mit Beginn des Herbstes, also dann, wenn die Überschwemmung ihren höchsten Stand erreicht hat, wird Ägypten von den Zugvögeln aufgesucht, die es entweder als Durchgangsstation überqueren oder dort überwintern. Das ist der Zeitpunkt, zu dem die Fallensteller in die Marschen ausschwärmen können zum Vogelfang.

VIII.

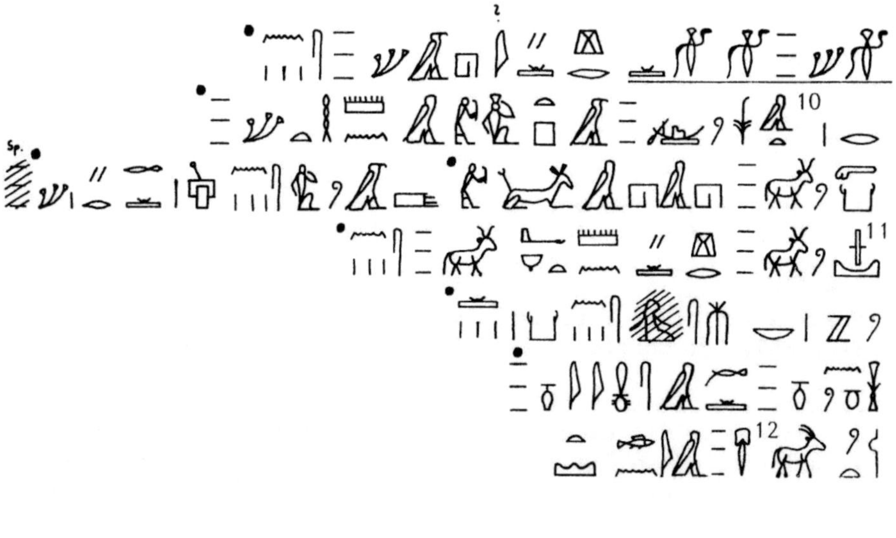

67)
68)
69)
70)
71)
72)
73)

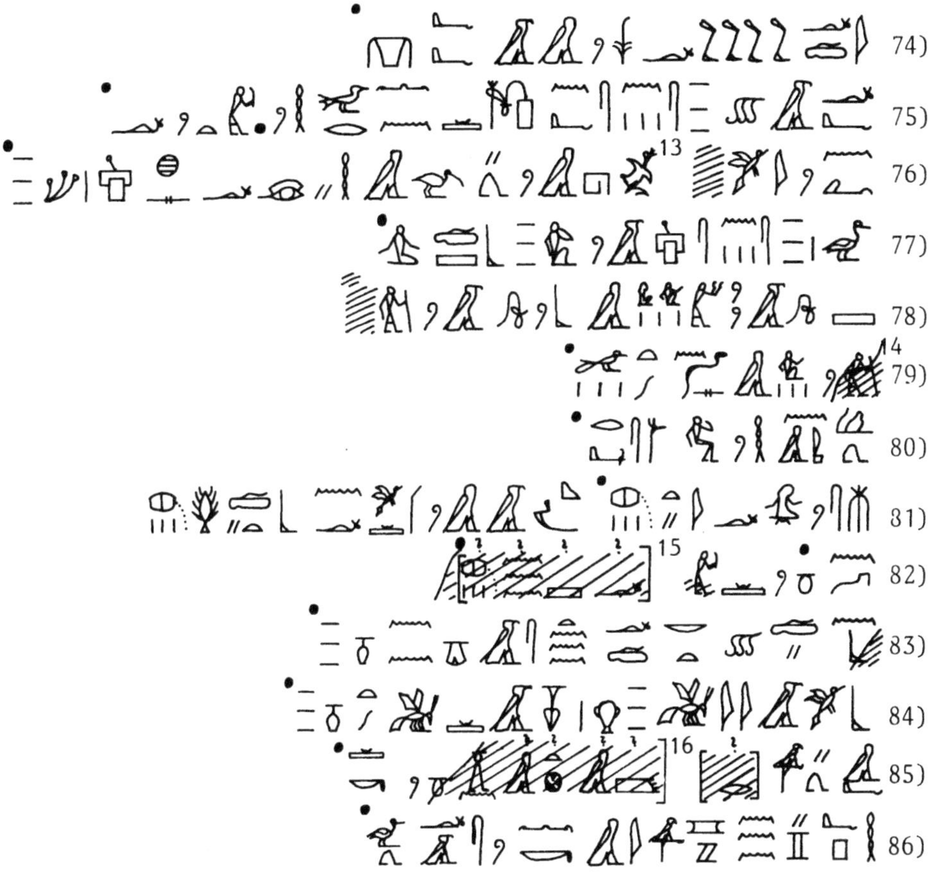

VIII. Übersetzung (vs. 9-16):

67) Die Papyruspflanzen sind grün mit ihren Knospen,• [a]

68) *rms*-Schiffe beladen mit Papyrusstengeln.• [b]

69) Stiere sind am Brüllen• und sättigen sich am *s*^{c}*r*,• [c]

70) Kurzhornrinder sind unter ihren Milchkühen.• [d]

71) Alle Bezirke bringen Nahrung hervor,• [e]

72) *snw*-Krüge sind gefüllt mit Sauermilch.• [f]

73) Das Wild im Tal,•

74) es flieht aus Angst.• [g]

75) Sein lockiges Haar ist (so) glatt, daß es nicht gesalbt zu werden braucht.•h)

76) Der Strauß hüpft (vor Freude), wenn er die *ḫsꜣ*-Pflanze erspäht.•i)

77) Ihre Söhne waren satt und träge,•

78) Arme waren (früher) ehrwürdige Notabeln [•]

79) Große waren Geringe (= einfache Bürger),•

80) der Freie griff den Mächtigen an.•j)

81) Er gebiert die Gerste • (und) erschafft den Emmer.•k)

82) [Er(?)] sorgt für [die Ernte o.ä.].•l)

83) Jede Haarflechte schwitzt <wegen> der Salbe.•m)

84) Die Biene vereinigt sich mit dem Honig.•n)

85) Komm' nach [Ägypten mit] deinen [Ga]ben!•o)

86) Hapi, sei nicht träge!•p)

a) *wꜣḏ* hier wegen des Parallelismus mit *mnḥ.t* im nächsten Vers die Pflanze als ganze (Wb I 263,7-264,4). *jhꜣ* muß einen Teil der Blüte bezeichnen. Ich habe das Wort in keinem einschlägigen Wörterbuch finden können.

b) *rms*-Schiffe hier zum erstenmal genannt; s. BORGHOUTS, l.c., im Griech. als ῥωψ, ERICHSEN, Demot. Glossar, 247; kopt. ⲣⲁⲙⲥ.
mnḥ.t nach GERMER, o.c., 139(5.1), der "Pap.stengel". Zum Transport von frisch gerupften Papyrusstengeln s. die Darstellung bei MOUSSA-ALTENMÜLLER, Das Grab des Nianchchnum und Chnumhotep, 1977, pl. 74.

c) s. Wb II 491,2 zu Month als brüllendem Stier (griech.). *sjꜣ=sn* muß ein Versehen für  sein. Die Tiere brüllen nicht, weil sie das *sꜥr*-Gewächs "erkennen", sondern weil "sie sich (daran) sättigen". Umgekehrt liegt der Fehler in pAnastasi I 10,3 vor, wo es heißt 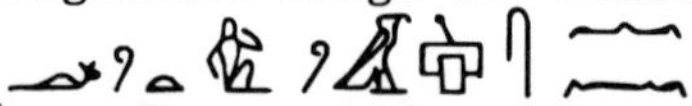, was aber mit OB 11236,8 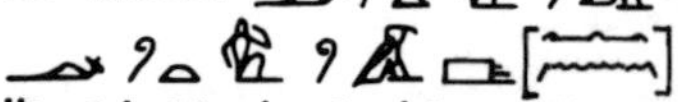 zu lesen ist. Die lautliche Ähnlichkeit beider Wörter muß sehr groß gewesen sein zu dieser Zeit (19. Dyn.). *sꜣ* - "sättigen" richtig in vs. 13 u. rt. 10.
sꜥr noch in pAn. III 6,9; dazu GM 63, 1983, 44 n. 4; DAUMAS, in: FS EDEL, 74 (σάρι).

d) *wnḏw*-Rinder nach GHONEIM, Ökon. Bedeutung des Rindes, 80, "künstlich enthörnte Rinder". Sind hier junge Tiere gemeint, die an den Zitzen ihrer Mutterkühe saugen?

e) entweder ist *w.w-nb.w* zu lesen oder *msj=f*.

f) nach den bei HELCK, Materialien, zitierten Stellen werden andere Produkte als Sauer- oder Dickmilch (*smjj*) in *snw*-Krügen aufbewahrt, deren Volumen unbekannt scheint. Nach W. GUGLIELMI, in: LÄ V, 494, ist Sauermilch "kostbar ... kein alltägliches Nahrungsmittel".

g) nach *jn.t* - "Tal" ist wohl ein Punkt zu supplieren. Vers 73-74 ist metrisch zu umschreiben: *cw.t m-jn.t*<.>/*jfd=f-sw m-(3)ccw*.

jfd - "fliehen" begegnet im Tale of Woe (ed. CAMINOS, col. 2,13 u. 3,3)als  . Die genaue Bedeutung muß etwa "auf allen vieren (< *fdw* - "vier") davonrennen" sein, was sich bei Vierbeinern ja anbietet.

m-3cc ist *m-ccw* - "aus Angst", Wb I 169,5.12; H.G. FISCHER, in: BiOr 36, 1979, 23b (zit. bei MEEKS, Alex, Nr. 79.0436). Das Wild "flieht aus Angst" vor dem bis an die Wüste herandringenden Nil, s. rt. 4.

h) *fc3* mit EDWARDS, Oracular Amuletic Decrees I,59 n. 42, "lock(s) of hair", was wegen *snc* - "glätten" hier auch ausgezeichnet paßt. Der Vers beschreibt zusätzlich zum vorangehenden in drastischer Weise die panische Angst der Tiere, deren Nacken(?)-haare sich sträuben, so daß sie auch ohne Salbe "glatt" sind. Dies geht aus *nn-wrḥ.tw=f* hervor. *fc3* dürfte an dieser Stelle den ältesten Beleg des Wortes darstellen; s. noch J.Cl. GOYON, in: BIFAO 75, 1975, 380 n. 4; ČERNÝ, in: BIFAO 57, 1958, 210f.

i) zum "freudigen Hüpfen" der Vögel angesichts eines Gottes s. MARIETTE, Denderah III, 26d rechts = Wb V 388,13 Beleg; allgemein vom "Springen" des *cw.t*-Wüstenwildes ASSMANN, Lit. Lieder, 324 n. 44 mit Belegen.

ḫs3 ist vielleicht mit der nach GERMER, o.c., 290f., noch nicht bestimmten Pflanze *ḫ3sj.t* zu verbinden, s. die Palette der Schreibungen o.c., 288.

j) die Verse 77-80 schließen reichlich unvermittelt an den vorausgehenden Text an. Ich habe zudem den Eindruck, daß V. 77 mangels Bezugswort zu *z3.w=sn* deplaziert ist. Tauscht man jedoch die Verse 77 und 78 gegeneinander aus, läßt sich eine Verbindung mit den *šw3.w* herstellen, *z3.w=sn* wären dann "deren Söhne".

Die Opposition *šw3.w : bw3.w* in diesem Text ist bemerkenswert. Sie taucht in dieser Form nur noch im "historischen Abschnitt" des pHarris I 75,4 wieder auf. Nach GOEDICKEs Bearbeitung der Passage in: WZKM 71, 1979, 4-5, ist dort zu lesen:

"der Eine wurde getötet, sein Nächster war ein *bw3* von *šw3*-Leuten". *šw3* ist ein in den Propagandaschriften des MR zentraler Begriff, so im Neferti (56), Merikare (28; 43) und Sinuhe (B 309), der stets in Verbindung mit politischer Opposition gebracht wird. S. jetzt HELCK, in: Dauer und Wandel, 49ff.

Diese vier Verse schildern nach meinem Verständnis die totale Umkehr der sozialen Schichtung in den Jahren eines "trägen Nils" (s. rt. 2). Würde man die getroffenen Aussagen auf die "Jetztzeit", also den Beginn der einsetzenden Überschwemmung beziehen, ständen sie im Widerspruch zum gesamten übrigen Textbefund. S. dagegen insbesondere auch den Abschnitt IV in rt. 15-19, in dem ja von der Rückkehr geordneter gesellschaftlicher Verhältnisse wie zwischenmenschlicher Beziehungen die Rede ist. Man vgl. den m.E. sehr deutlichen Kontrast zwischen V. 41: *nḏs.w* <*ḥr*> *-tr-wr.w* und V. 79 : *wr.w m-nḏs.w*. V.41 schildert die Zustände, wie sie "jetzt" sind, V. 79 wie sie "früher" waren. Zu V. 80 vgl. noch pTur. (P&R) 88,4: *wn-nmḥw m-bw3.w* - "der ein *nmḥw*-Freier war, ist (jetzt) ein *bw3* (dank Amun)"; s. die Bearbeitung bei CONDON, Seven Royal Hymns, 12, Z. 4. *nmḥw* sind nach HELCK, Wirtschaftsgeschichte, 147 u.ö., die "Freigelassenen".

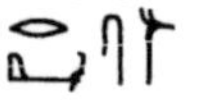 könnte hier auch der "Reiche" sein, wie in dem Gegensatzpaar in der Vezier-Titulatur in Č-G, HO I, pl. XCII 1, rt. 5-6: *wpj-šw3jj ḥnᶜ-wsr.w* - "der die Armen und die Reichen richtet".

k) *jt* und *bd.t* in dieser Folge auch GrN, IIc. Die Reihung der beiden Verbalformen *sḏm=f (ms=f)* und *sḏm.n=f (qm3.n=f)* erinnert zunächst an ein für die liturgischen Sonnenhymnen charakteristisches stilistisches, nicht grammatisches Phänomen, das ASSMANN, Liturgische Lieder, 292ff., eingehend behandelt hat. Ausgehend von dem l.c. besprochenen Vers *wbn=k sḥḏ.n=k-t3wj* und zahlreicher weiterer Belege kommt er zu dem Ergebnis, daß ein an ein *sḏm=f* anschließendes *sḏm.n=f*, entweder in ein und demselben Vers oder in zwei oder mehr aufeinanderfolgenden, stets ein Verhältnis "intransitiv" (*sḏm=f*) : "transitiv" (*sḏm.n=f*) wiederspiegelt. Dies ist nun aber in unserem Vers nicht gegeben. Beiden Verben eignet wegen der dir. Objekte *jt* und *bd.t* Transitivität. Hapi "gebiert" auch nicht die Gerste, nachdem "er den Emmer hervorgebracht hat". Der Text "reih(t) in unverbundener Aufzählung Einzelaussagen aneinander, ohne durch Verweise wie "danach", ... zwischen den geschilderten Vorgängen zu vermitteln, ... oder auch nur virtuelle Unterordnung durch impliziertes "(indem)", "(nachdem)" usw. zuzulassen"; ASSMANN, o.c., 358. Ich vermute eine Entlehnung dieser "stilistische(n) Form" (ASSMANN, o.c., 295) aus der Gattung der Kult- oder liturgischen Sonnenhymnen.

l) *nwj* im Sinne von "für die Ernte sorgen" z.B. in pCh.B. IV vs. 1,5: "Mögest du deine Aufmerksamkeit darauf verwenden, - *r-nwjj.t-p3-šmw* - für die Ernte zu sorgen". Diese Ergänzung fügt sich bestens an den Vorgängervers mit Nennung von Gerste und Emmer.

m) der Vers 83 wird auf ein Gastmahl o.ä. hindeuten, das zu Ehren Hapis(?) gefeiert wird. Vor *sgnn* ist eine Präp., am ehesten *ḥr* zu ergänzen; "jede Haarflechte schwitzt/trieft(?) vor/wegen Salbe". *sgnn* meint die allmählich schmilzenden Salbkegel.

n) *b3jj* mit BORGHOUTS,l.c., kann nur eine junge Schreibvariante für *bj.t* - "Biene" sein.

o) meine Ergänzung [*r-Km.t m-j*]*nw=k* ist natürlich von GrN, XIVd (*mj r-Km.t*) und XIVf (*m-jnw=k*) beeinflußt.

p) mit WESTENDORF, in: GM 49, 1981, 80, steht *wzf* hier "als polarer Gegensatz" zum den nächsten Abschnitt einleitenden *(z3w) dns=k*.

Papyrus kann wieder geerntet und verarbeitet werden, das Rindvieh findet seine Nahrung, die Kühe können ihre Kälber aufziehen und mit Milch versorgen. Es gibt sogar wieder Sauermilch. Das chaotische Bereiche repräsentierende Wild (der Wüste; *ᶜw.t*) flieht wieder dorthin, wo es nach Meinung der Ägypter hingehört. Mit dieser Bemerkung ist insbesondere Neferti 35-36 (ed. HELCK, Die Prophezeihung des *Nfr.tj*, KÄT 1970, 31 u. 33) zu vergleichen, daß in Zeiten, in denen "das Land im Durchmachen einer Krankheit" (*t3 m-znj-mn.t*) ist, "das Wüstenwild am Fluß Ägyptens Wasser trinken wird, wobei es sich auf ihren Sandbänken erfrischt, weil niemand da ist, der es verjagen könnte"; Übersetzung in Anlehnung an die von HELCK.

Ich kann BORGHOUTS, l.c., 114 n. 6, nicht zustimmen, der den Text von vs. 13-14 (hier: V. 78-80) unter das Motiv "poor become rich" stellt, denn das würde implizieren, daß "Große (jetzt) geringe Bürger sind" (*wr.w m-nḏs.w*; vs. 14 = V. 79). Diese Feststellungen müssen sich auf die schreckliche Vergangenheit beziehen, die jetzt überwunden ist.

Hapi manifestiert sich als Spender von Korn und Garant von [Ernten], Salben und Honig.

Das letzte Verspaar leitet mit dem Übergang von der bisher verwendeten 3. Pers. in die direkte Anrede bereits zum letzten der erhaltenen Abschnitte über. Im GrN vollzieht sich dieser Wechsel von anfänglichem Partizipialstil (neben *sḏm=f*) zur Anrede in 2. Pers. und Imperativ zwischen Abschnitt X und XI (Xc lese ich mit ASSMANN, ÄHG, Nr. 242,82 "(und) den (doch) alle Götter verehren").

IX.

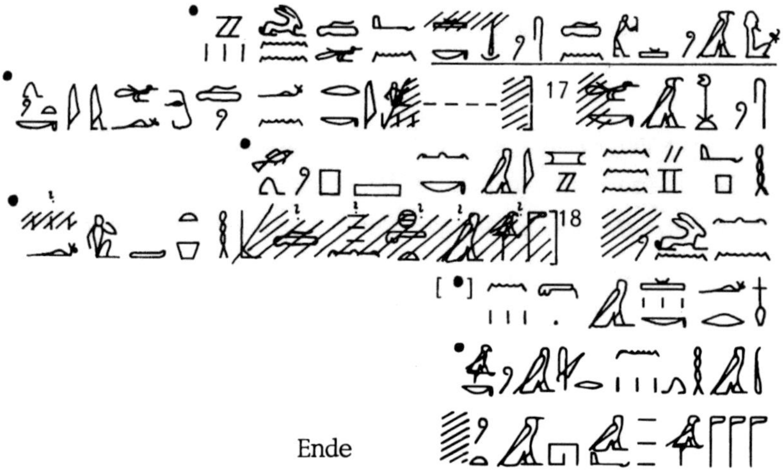

87) 88) 89) 90) 91) 92) 93)

Ende

IX. Übersetzung (vs. 16-18):

87) Hüte <dich>, (zu) schwer zu lasten, so daß die Existierenden gering an Zahl sind.•a)

88) Schädigst du [---]...(?), dann mißachtet er dein Kommen.•b)

89) Hapi, sei nicht (zu) aufgeblasen(?)!•c)

90) Es gibt keinen [Gott, der ohne] seine (notwendigen) Opfer sein könnte.•d)

91) Deine Wohltaten seien vor uns,[•]

92) (dann) wollen wir uns deinem Bild zuwenden.•e)

93) Die Götterfamilie(?) [---]f) - E n d e

a) an die Adresse Amuns gerichtet taucht dieses *$z^{3}w$* bereits in einem Voramarnagebet auf (Ostr. Cairo 12225 rt. 1 = RdE 27, 1975, 205; 206 n. 31; pl. 20). POSENER bemerkt dazu im Anschluß an seine Übersetzung "Garde..." mit Recht, daß der Imperativ *$z^{3}w$* "à l'adresse d'un dieu est inattendu".

Im GrN, IX b, heißt es: *dns<=f>* *^{c}nd-rḫjj.t*, was LICHTHEIM, AEL I, 207, zwar richtig wiedergibt durch: "if he is heavy people dwindle", nur falsch interpretiert: "if his rise is sluggish and insufficient",o.c.,209 n. 8. Das genaue Gegenteil ist aber gemeint, *dns* steht in genauer Opposition zu *wzf* (vs. 16), frei paraphrasiert heißt es dann: "Sei nicht zu niedrig, aber sei auch nicht zu hoch!" Zu demselben Ergebnis gelangte bereits WESTENDORF, in: GM 49, 1981, 80f.

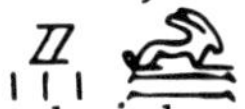 ist falsch determiniert, Z aus 𓀀 verlesen bzw. verschrieben. Deshalb ist hier nicht mit BORGHOUTS, l.c., eine neue "Felderart" anzusetzen. S.a. wieder *^{c}nd-rḫjj.t* in GrN, IX b, dessen konkretes *rḫjj.t* hier durch das allgemeine *wnn.w* - "die Seienden, Existierenden" ersetzt ist. So auch WESTENDORF, l.c.

b) Das Suff. nach *fnḏ* muß sich auf den mit  endenden Ausdruck beziehen. Ich habe keinen Vorschlag.

c) *šp(w)* halte ich für 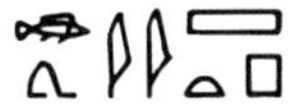 (Eb 876d), Wb mediz. Texte II 846f.: "aufgeblasen sein". Das bedeutet, daß hiermit eine dem einleitenden *$z^{3}w$-dns=k* ganz ähnliche Aufforderung vorliegt: Hapi soll nicht "zu sehr anschwellen". Weniger sinnvoll erscheint mir *špt* - "verärgert, unzufrieden sein", Wb IV 453,11.

d) die Ergänzung klingt gewagt. Inspiriert hat mich dabei GrN, XIII, wo festgestellt wird, daß man Hapi bzw. der Überschwemmung alle möglichen Opfer darbringt, wenn sie "strömt, überfließt" (*ḥwj*). Dies bleibt natürlich dann aus, wenn die Flut nicht einsetzt. S.a. GrN, II e: "Man schmälert die Opfer der Götter und so kommen Unzählige um unter den Menschen". Das Suff. nach *[d]bḥ.wt* kann sich aber auch auf die von seiten Hapis den übrigen Göttern gespendeten Opfer beziehen; hierzu GrN, IV c "der jedem Gott Schlachtopfer zukommen läßt". In der von van der PLAS, o.c., 122 n. 716, zit. St. aus CT IV 146f-i heißt es, daß nur die Hapi gegenüber loyalen Götter seine Speisen erhalten. Somit kann der Vers eventuell folgendermaßen komplettiert werden:

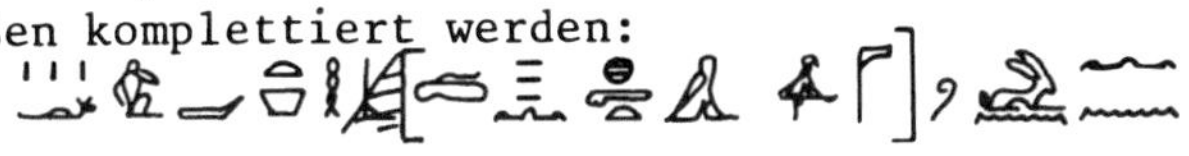

e) *tmḫ* - "umwenden" (Ak TMϨ-) mit OSING, Der Spätäg. Papyrus..., 1976, 72; 208-9 n. 555.

Das "(Sich)umwenden zum Bilde" Hapis kann doch nur bedeuten, daß ihm Opferzuwendungen für den Fall in Aussicht gestellt werden, daß er rechtzeitig und in richtiger Höhe über die Ufer tritt. Eine inhaltlich ähnliche Aussage liegt vor in HO I, pl CVII rt. 4: "die Herzen wenden sich um, um dich zu erkennen"; gemeint ist mit ČERNÝ-GARDINER wahrscheinlich der Sonnengott, Amun-Re?

S. noch POSENER, in: MDAIK 37, 1981, 396 n. 9.

f) diese letzten beiden Wörter werden *mhw.t-ntr.w* darstellen. Die *mhw.t*-Familie eines Gottes scheint bislang nicht bezeugt; *mhw.t* als Verwandtschaftsterminus erschöpfend diskutiert bei FRANKE, o.c., 19ff.
Offensichtlich ist der Text hier noch nicht zu Ende, so daß zu hoffen ist, daß eines Tages ein Anschlußfragment bekannt wird.

Schlußbetrachtung

Der erhaltene Text wird durch Rubren in IX Abschnitte unterteilt, deren Themenkreise sich zwar weitgehend an den GrN anlehnen[1], deren Ausformulierung aber von wenigen Ausnahmen abgesehen völlig neu ist. Es werden zahlreiche Stichwörter aus dem literarischen Vorbild übernommen, ihre Abfolge im Text ist jedoch nicht durchweg die gleiche: s. *jbḥ.w* (rt. 10) - *sbṯ* (rt. 11) gegenüber *sbṯ* (III d 1) - *jbḥ* (III d 2) in GrN[2].

Von besonderem Interesse sind zum einen die ausführlichen und von intensiver Beobachtung zeugenden Naturschilderungen (Abschn. II, III, VI, VII u. VIII), die weit über das im GrN Gebotene hinausgehen. Ein anderer Schwerpunkt wird durch die Hervorhebung wiederhergestellter (maatgemäßer) sozialer Verhältnisse und zwischenmenschlicher Beziehungen gebildet, wobei die in den Abschnitten IV und VIII getroffenen Aussagen kontrastiv zueinander stehen und den Gegensatz "Jetzt" : "Einst" widerspiegeln.

---

[1] BORGHOUTS, o.c., hat bereits die jeweils übereinstimmenden Elemente der Motivik herausgehoben.

[2] so gilt auch für diesen Hymnus die von FECHT anhand völlig anderen Textmaterials gemachte Beobachtung, wonach der Verfasser trotz der "übereinstimmenden Themen ... wörtliche Übereinstimmungen" weitgehend vermeidet, ja sogar eher kreativ arbeitet; FECHT, Vorwurf an Gott, 14 n. 9.

Weiterhin liefert der Hymnus aus dem Bereich des Lexikons Archaismen wie Modernismen. Zu ersteren gehört z.B. *ḥꜣb-nfr* - "guter Fang", dessen Bestandteil *ḥꜣb* (vs. 9) wie bereits vermerkt spätestens im NR durch *rsf* abgelöst wird. Dem "soziologischen" Terminus *šwꜣ.w* (vs. 13) kommt nur in der 1. Zwzt. und im MR eine konkrete Bedeutung zu. Möglicherweise gehört *nḏs* (rt. 16; vs. 14) auch in diese Kategorie. Demgegenüber hat der Text auch einiges an erstmalig belegten Wörtern und Wendungen zu bieten, wie *ḥbn* (rt. 5; wenn mit der Bedeutung "erbeuten"), *sḫn* - "Eintreten, -treffen" (rt. 7; von der Überschwemmung), *ṯjs* (rt. 15), *sḫm* (vs. 3; Art "macht(geladenes Zauberbuch)"), *ḥḏjj* (vs. 5-6; "Rogen"), *fꜥꜣ* (vs. 12; "Locken(?)"), *ṯmḥ* (vs. 18; "umwenden") und *rms* (vs. 9-10; Art Schiff). Zu den erst in späterer Zeit wieder auftauchenden Wendungen und Verbindungen gehören *ḫnj ḥr-tp-qꜣjj* (rt. 4; Philae: *sḫn r-qꜣjj*) und *ꜥw.t-swḥ* (rt. 19; Dend. III 12,5; 8).

Von seinem Vorbild übernommen hat der Verfasser des weiteren den direkten Anruf an Hapi (VIII Ende - IX), nach Ägypten zu kommen; s. GrN, XIV. Mit diesem hier einsetzenden Du-Bezug könnte auch in Analogie zum GrN die gesamte Komposition unmittelbar vor ihrem Ende angelangt sein, so daß nach *mḥw.t-nṯr.w* eventuell gar nicht allzu viel verloren ist.

Eine nähere Untersuchung wert ist sicher die Frage, ob der Hymnus in seinem Textverlauf der Abfolge der drei Jahreszeiten Achet-Peret-Schemu Rechnung trägt. So verbergen sich vielleicht Anspielungen hierauf hinter Formulierungen wie diesen: *tꜣ <r>-ꜣw=f ꜣḫꜣḫ* (rt. 9; II V.24 = *ꜣḫ.t* - "Achetzeit"); *(rnp.wt-jwḥ ẖr-)pr.t=sn* (rt. 13; III V.34, vorangeht in rt. 12-13 *rd ḥr-tꜣ jwḥ.n=f* - "es wächst auf der Erde das, was er bewässert hat" = *prj.t* - "Peretzeit"); *msj=f-jt qmꜣ.n=f-bd.t* (vs. 16; VIII V. 81 und das vielleicht zu *nwj[=f-šmw]* - "[er] sorgt für die [Ernte]" zu ergänzende Fragment in vs. 14-15, was dann den - durch Vers 81 schon angedeuteten - Hinweis auf die *šmw*- oder Erntezeit explizit machen würde. Sollte diese Vermutung durch weitere Beobachtungen gestützt werden können, bliebe nur die genaue "Grenze" zwischen den den einzelnen Jahreszeiten gewidmeten Textpartien zu ermitteln.

Diese wenigen Bemerkungen müssen einstweilen genügen, auf die Exzeptionalität dieses Nilhymnus' das ihm gebührende Interesse zu lenken und zu weiterer Beschäftigung mit ihm anzuregen. Eine eingehendere Analyse in größerem Rahmen muß aus Raumgründen hier unterbleiben.

III.2.1. Gebet und numerischer Hymnus an Amun

(POSENER, Catalogue, t. III, pl. 17 = DeM 1409)

Lit.: erwähnt bei POSENER, in: Fragen an die altägyptische Literatur (GS OTTO), 1977, 389 n. 23.

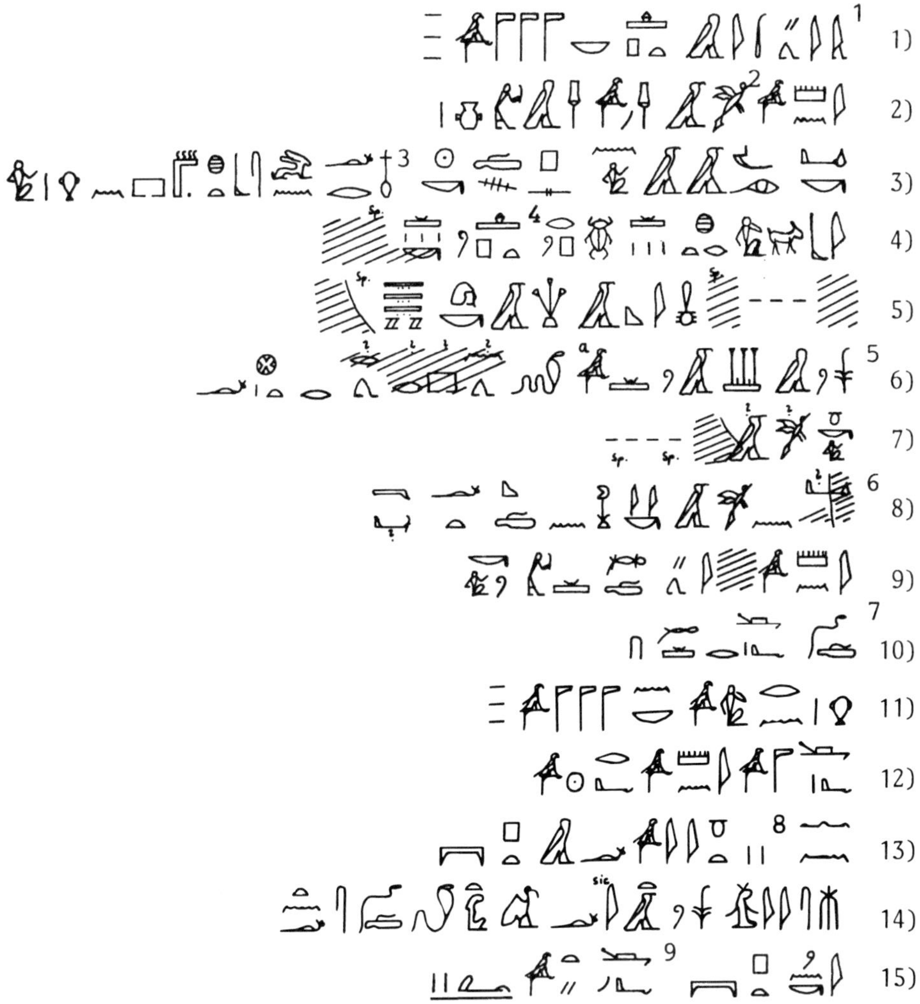

a) s. POSENER, bei QUAEGEBEUR, Le dieu ég. Shaï, 53 n. 5: "ou pour ou plutôt entrainé par qui se confond avec qui, lui, demande un trait".

16)
17)
18)
19)
Ende 20)

b) POSENER: "Blanc?"
c–c) Ergänzung nach POSENER.

Übersetzung:

1) Willkommen in Frieden, Herr der Götter,[a]
2) Amun, du Mächtiger, Kühner.[b]
3) Mögest du mich deinen schönen Glanz sehen lassen, indem der Pylon vor meinem Angesicht geöffnet ist.[c]
4) <Ich> gedenke des Zustandes, wenn deine Gnade entsteht.[d]
5) [----] wie du die [--(?)] Länder zusammenbindest.[c]
6) Er ist Schai für den, der eintritt (und) herausgeht(?) aus seiner Stadt.[f]
7) Ich bin der/dein(?) [---][g]
8) ...(?) deinen 1000 ...(?)[h]
9) Amun, komm' (und) rette mich,[i]
10) der eine (Strophe(?)) sagt, um zehn vollzumachen,[j]
11) auf den Namen des Herrn der Götter:
12) Ein Gott ist Amun-Re,
13) dessen Zweiten es nicht gibt im Himmel.[k]
14) Den seine Mutter geboren hat (und) zu dem sie sagte:
15) "Dir gehört der Himmel (ganz) allein". ( - Zwei)[l]
16) Ich küsse den Boden vor(?) deinem Tempel.[m]
17) Meine Arme sind beim Preisen deines Kas.[n]
18) Möge ich den Weihrauch atmen, der aus deiner Vorhalle kommt,[o]

19) den Lebens[hauch] einatmen, den du spendest.

20) Amun-Re, (du) Starker, dessen Zweiten es nicht gibt.[p)]

a) vgl. *Jmnw mj-[n=j] m-ḥtp* - "Amon, viens [à moi] avec miséricorde" bei POSENER, in: RdE 27, 1975, 202 (OC 12202 vs. 1). Ob auch hier "mögest du kommen in Gnade" übersetzt werden darf? Immerhin wünscht der Beter sich doch das "Entstehen der Gnade" Amuns (V.4).
Zur "Willkommen-in-Frieden"-Formel in Sonnenhymnen s. ASSMANN, Liturgische Lieder, 46f.

b) zur "Sonne als *sḫm*" wieder ASSMANN, in: MDAIK 27/1, 1971, 25f. *sḫm-jb* ist hier nicht der "Gewaltherzige", vor dem Amun einen Mann laut ASSMANN, Sonnenhymnen, Nr. 206,14, "errettet", sondern der "Kühne" und wohl in Zusammenhang mit seinem Epithet  in Z.11 = V.20 zu sehen.

c) *dj=k* hier eher prosp. *sḏm=f* als perfekt. wie in OC 12202 rt. 2 (bei POSENER, l.c., 201 mit nn.11 u. 12). S.a. ders., in: Fragen an die altäg. Literatur, GS OTTO, 389 mit n.23, der in unserem Text das Gebet eines Blinden sieht. Dann kann dieser Vers nur einen Wunsch ausdrücken. *m33.n=j* statt *m33=j* wie in OC 12202.
In  sehe ich eine Defektivschreibung von 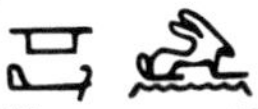 "öffnen", (wie in BUDGE, BD, 473,16), s. Wb I 311,3 (von Türen u. Toren). *sbḫ.t* meint konkret das Tempeltor, den Pylon, den der Beter sich geöffnet wünscht. Möglicherweise ist hier an einen Auszug der Gottesstatue aus dem Tempel gedacht, heißt es doch in V.9: "Komm', rette mich!", mit welcher Bitte man sich insbesondere an Götter während öffentlicher Prozessionen wandte.

d) ich lese *jb<=j>-ḫr.t<=j>*. Soweit ich sehe, liegt dieselbe Verbindung *jb<=j>-ḫr.t=j* auch in einem anderen Gebet an Amun vor, und zwar in DeM 1594,2 = HO I, pl. VIII 3,1-2 = DeM 1641 I,3. Vom Determ. nach  sind in allen drei Hss nur geringe Spuren erhalten, die sich aber (nach Maßgabe der Faksimiles) sämtlich als  (sign-list E8 = MÖLLER, HP II, Nr. 139) deuten lassen. In jenem Liebeslied auf Theben wünscht sich der Beter, die Stadt nicht verlassen zu müssen: "(Rette mich von dem, was mir verhaßt ist). Ich gedenke meines Zustandes, wenn ich nordwärts fahre...". Dort ist *ḫr.t* negativ besetzt, in 1409,3 aber positiv angesichts des erwarteten Eintritts von Amuns "Gnade". Andere Ergänzung bei POSENER, l.c., 391 n. 35.

e)  muß das aus den Sargtexten bekannte  u.ä. sein, dessen Zusammengehörigkeit mit *qḥ* (so Wb V 66,8-10) von OSING, Nominalbildung, 679 n.757, erschlossen worden ist. O.c. zitiert er eine Stelle (CT III 112e), die da lautet: *jrj-c3-pw q3ḥ-t3.wj* - "dieser

Türhüter, der die beiden Länder zusammengebunden hat". Die Parallelität des letzten Kolons mit unserer Stelle ist frappierend, wobei *t*^{3}*.w* in 1409,4 aber nicht unbedingt zu *t*^{3}*.wj* emendiert werden muß.

Eine Verbindung mit , auch mit zusätzlichem - Determ. (Wb V 66, 12-13), möchte ich ausschließen, da unser *q*^{3}*ḥ=k* offensichtlich transitiv ist, dies aber für *qḥ* - "hell; Licht" nicht zutrifft. In jedem Falle fehlt ein entscheidendes Determ. wie o.ä.

f) zur Beziehung Schai-Amun s. QUAEGEBEUR, Le dieu égyptien Shaï, 76-80, esp. 79 mit n.5.

Dürfen die Zeichenspuren nach nicht *n-*^{c}*q-prr (r-nw.t=f)* gelesen werden? ^{c}*q* wäre dann rein ideographisch nur durch (das sichere) ausgedrückt, [ ] glaube ich mit den Resten in Einklang bringen zu können, insbesondere da in Z.10 sehr ähnlich gestaltet ist. Es wäre zugestandenermaßen eine recht eigenwillige Orthographie! Zum Kompositum ^{c}*q-prj* in Bezug auf eine Stadt s. Wb I 232,5 = Urk. II 43,5.

Jeder, der Theben betritt bzw. verläßt, steht nach Aussage dieses Verses unter dem Einfluß des Schai-Aspektes Amuns.

g) gegen eine Ergänzung *jnk-p*^{3}*(?)[jj=k(?)-b*^{3}*k/ḥm n-...]* sprechen die zu dürftigen Zeichenreste.

h) hier ist nicht nur der genaue Versbeginn infolge des zerstörten Endes von Z.5 unbekannt, auch das von POSENER mit ? umschriebene zu Beginn von Z.6 ist äußerst problematisch, da es vom Schriftbild des in Z.3 u. 11 erhaltenen erheblich abweicht. Eine weitere Schwierigkeit bietet . Trifft die Transkription zu, kann es nur mit *qdf* - "Sammeln" (Wb V 81) zusammengehören. Der Locus classicus dieses seltenen Wortes ist der Beginn der Klagen des Chacheperreseneb (BM 5645, rt. 1:) in *qdf-ṯ*^{3}*z.w*, was OCKINGA, in: JEA 69, 1983, 89, mit "gathering of compositions" wiedergibt, und CHAPPAZ, in: BSFE 2, 1979, 4. 7 n.b) mit "receuil" bzw. "moisson(?)". In pPushkin (CAMINOS, A Tale of Woe), col. 4,7, erscheint es als (dort im Kontext mit *<ḥ>tr* - "pflichtgemäße Abgabe; Bezahlung"). CAMINOS, o.c., 54, übersetzt "gleanings", also "Gesammeltes; Nachlese", in übertragener Bedeutung mit der möglichen Nuance von "extra earnings".

i) zu diesen für Gebete typischen Formeln s. wieder POSENER, in: Fragen ... Literatur, 389, mit einigen Belegen; ferner DeM 1656,1.

j) ist *ḏd* Infinitiv oder Partizip, anzuschließen an *šd=k-wj*, also "... rette mich, der sagt ..."? Die Zahlen "1" und "10" verweisen auf die beabsichtigten und im folgenden Hymnus zu sprechenden 10

Strophen, deren fortlaufende Nummern jeweils mit dem ersten und letzten Wort einer Strophe ein Wortspiel eingehen. Die bis heute bekannten numerischen Hymnen sind genannt bei POSENER, l.c., 389 n. 23. Dazu jüngst GUGLIELMI, in: Studien zu Sprache und Religion Ägyptens, Fs WESTENDORF, 1984, 500. Jüngst van de WALLE, in: CdE 60, 1985.

Ist die vorgenommene Versabtrennung trotz der vorhandenen Lücken richtig, dann ist bemerkenswert, daß die Zahl "10" im 10. Vers genannt wird!

Zu V.10-11 vgl. die Stele des Vorzeichners Nebre (Äg. Inschr. Berlin II, 159,1: "... ich will ihm Hymnen verfassen auf seinen Namen" (= ÄHG, Nr. 148,B2).

k) zu Vers 12-13 vgl. die ganz ähnliche Formulierung im Amun-Hymnus des Amenemope in Äg. Inschr. Berlin II, 71,6-7: *mtw=k-p*^{3}*-nṯr-w*^{c}*j jwtj-[sn].nw=f* (= ASSMANN, Sonnenhymnen, Nr. 206,10).

nn-sn.nw=f von Amun vielfach belegt, s. ASSMANN, o.c., Nr. 66,5; 102,3; als *jwtj-s.* ibid., Nr. 68,5; 130,5; 158,8.44; 165,13; 176,8 u.ö. Nr. 181a27 heißt es: *Jmnw nṯr-w*^{c}*j j.-s. w*^{c}*j-nṯr* leitet den eigentlichen Hymnus ein, dessen 1. Strophe durch eben dieses *w*^{c}*j* und am Ende durch *w*^{c}*j-tj* eingerahmt wird. V.10-11 bilden den Titel der "Sammlung" (*qdf*).

OC 25220 rt.1 (ed. DARESSY, CG) mutet wie eine Verkürzung unserer Verse 12-13 an mit seinem *w*^{c}*jw* <*m*>*-p.t.* DARESSYs Transkription scheint aber in zahlreichen Fällen fehlerhaft zu sein.

l) zu V.14 vgl. Sonnenhymnen, Nr. 165,7: "der aus dem Leib seiner Mutter hervorkommt ..."; Nr. 227,3. Im Gegensatz hierzu wird in Nr. 121,3 betont, daß Amun derjenige sei, "der von selbst entstand, der seine Mutter gebar (*ḫpr-ḏs=f msj.w-m'w.t=f*)".

m) möglicherweise war nach *sn=j-t*^{3} ursprünglich ein *r-*<*ḥ*^{3}*.t*> - "vor" oder *r*<*-gs*> - "neben" beabsichtigt, s. POSENERs Bemerkung "Blanc?".

n) die Phrase ^{c}*.wj m-j*^{3}*w* "vor allem in Amarna-Texten häufig" nach ASSMANN, Liturg. Lieder, 208 n.90 mit Belegen. S.a. ders., Sonnenhymnen, Nr. 60,23; 59b14 u. 113,35.

 meint den Ka des Gottes, dies. Graphie z.B. Wb V 89,11 (von Min).

o) *ḫntj* - "Vorhalle", später auch "Hypostyl", wird die Interpretation von *sbḫ.t* in V.3 als "Pylon" bestätigen. Der Beter wünscht den während des Täglichen Rituals verbrannten Weihrauch einatmen zu können, der aus dem ihm unzugänglichen hinteren Tempeltrakt strömt.
ḫnm=j ist die unabhängig, also initial gebrauchte prosp. *sḏm=f*-Form. Diese ist in Hymnen und Gebeten ungemein häufig, s. z.B. Äg. Inschr. Berlin II, 159,1: *jrjj=j-n=f dw*^{3}*ww ... dj=j-n=f* (160,1) *sḏdjj[=j]* u.ö. In unserem Text ist sie optativisch zu verstehen.

p) Amun als *qn* "Starker" auch bei ASSMANN, Sonnenhymnen, Nr. 181a,12; 181b,27.

III.2.2. Gebet an Thot als Mond

(POSENER, Catalogue, t. II, pl. 69 = DeM 1262 verso)

Lit.: bisher unbearbeitet

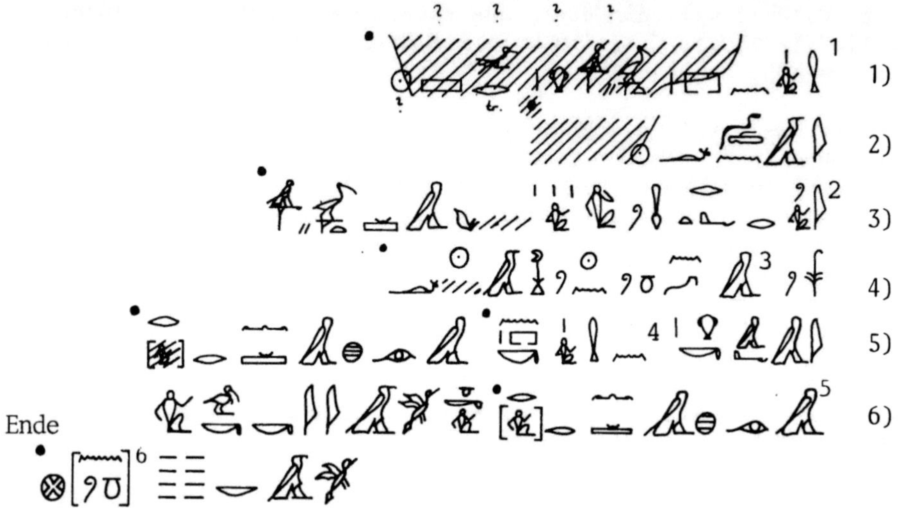

Übersetzung:

1) Der Diener des Tempels [des Thot verbringt den Tag]• [a]

2) indem er zu [ ] sagt:• [b]

3) Ich werde meine Stimme erheben, so daß Thot hört,•

4) (wenn(?)) er in der Zeit seiner Dunkelheit ist.• [c]

5) Richte deine Aufmerksamkeit auf den Diener deines Tempels!•

6) Vergiß mich nicht! Ich bin dein Diener, du Herr von Hermopolis. [d]

a) die vorgenommene Ergänzung geht von folgendem aus: nach *prw* kann nur der Gottesname *Ḏḥwtj* folgen. Das fragliche ⊙ - Determ. am Ende des Verses und die Zeichenspur davor können zu *wrš* gehören. Als Parallele hierzu mag OC 12225 rt. 1 dienen: *wrš=j ḥr-ḏd n-Jmn* "Je passe mes jours à dire à Amon:", s. POSENER, RdE 27, 1975, 205f.

b) *j3* für *jw* nach ERMAN, Neuäg. Gram., §§ 23; 487 Anm. 1. Besteht die

u. n. a) herangezogene Parallele zu Recht, kann nur *jw-ḏd=f n-*[ ] gelesen werden. Zu *ḏd n f* statt *ḏd=f n-* sei immerhin auf GARDINER, LEM 123,16 *m-b3ḥ*  statt  verwiesen, also auch Vertauschung von Suff. und Präposition. Ob  zu *B3 n-Rꜥw* als Beiname des Thot gehört (pTur. P&R, pl. 23,3)? Der Umfang der Lücke läßt keine größere Ergänzung zu.

c) d.h., wenn Thot als Mond in der Nacht am Himmel leuchtet. *wḫ3* ist spez. die "Nacht, in welcher der Mond scheint" nach "Wb I 352,8. Zum syntaktischen Gefüge Futur III nach direktem Indikator (*jw-ḏd=f n-*) von Initialität + Präs. I s. das ex. 686 bei ČERNÝ-GROLL, LEG, ch. 17.5.4. Allerdings geht dem *sw-w3ḥ...* dort die Partikel *ptj* voraus.

d) *ḥm + r* bes. im Neuäg. nach Wb III 279,12. Am Ende kann nur  ergänzt werden. Der Beter an Thot in An. V 9.7-8 bezeichnet sich auch als *jnk-ḥm n-prw=k*. Einige Beispiele zur "Herr-Diener-Konstellation", wobei *ḥm (n-⸢r⸣-prw=f)* im Unterschied zu *b3k* (s. V. 6) auf die "kultische", letzterer aber auf die "soziale Wirklichkeit" geht, bei ASSMANN, Lit. Lieder, 290f. mit n. 35. 37 u. 39.

Kommentar zu Inhalt und Gliederung

Der Text dieses kleinen Gebets gliedert sich in drei Verspaare. Die Verse 1-2 enthalten die Selbstvorstellung des anonymen Beters in der 3. Person (**jw-ḏd=f n-...*). Die nächste Zweiergruppe nennt sein Vorhaben, an Thot in seiner nächtlichen Erscheinung als Mond ein Gebet zu richten. Das abschließende Verspaar hat dann das eigentliche Gebet an den Gott zum Inhalt: der Beter fühlt sich von diesem vernachlässigt. Vers 5 wird dabei von einem Imperativ eingeleitet (Bitte um göttliche Zuneigung), Vers 6 dagegen von einem Prohibitiv, auf den eine begründende Treueversicherung folgt: "Vergiß mich nicht, (denn) ich bin (doch) ...!". Den konkreten Anlaß seiner flehentlichen Hinwendung zu Thot erfahren wir nicht. Möglich, daß er den Gott um berufliches Fortkommen angeht ähnlich wie der "Diener des (Thot)tempels" in pAnastasi V 9,2-10,2[1].

---

[1] s. die Bearbeitung von FECHT, Liter. Zeugnisse, 65-73.

III.2.3. An Mut

(POSENER, Catalogue, t. III, pl. 65 = DeM 1638)

Lit.: erwähnt bei J.F.BORGHOUTS, in: CdE 58, 1983, 114

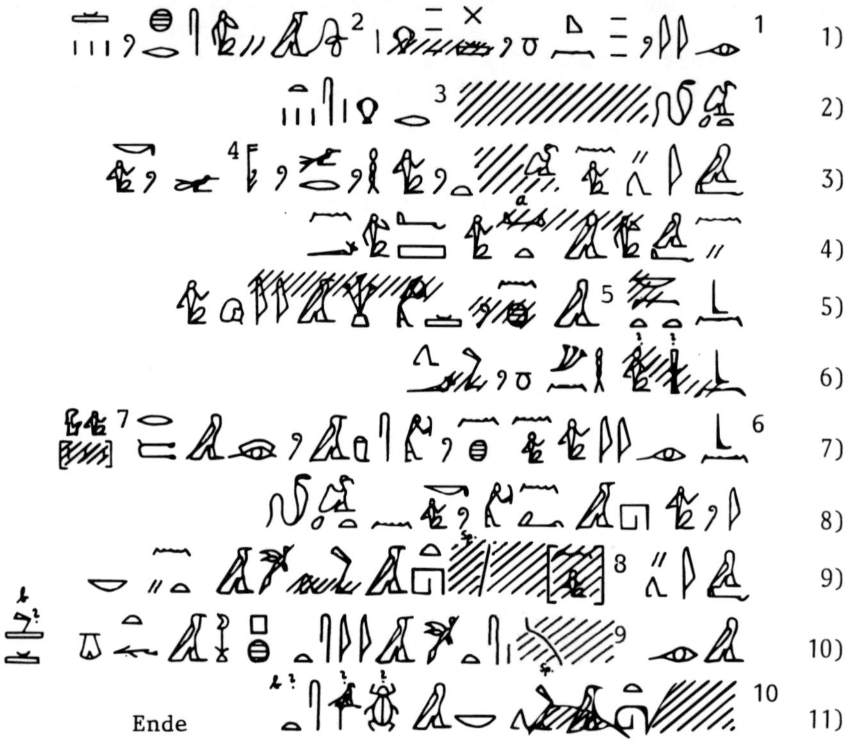

a) stimmt mit Zeichenspuren überein.
b-b) genaue Versgrenze zwischen Z. 9 u. Z. 10 unklar.

Übersetzung:

1) Man verbringt eine lange Zeit beim Erwägen von Plänen,[a)]
2) Mut [ist es], an deren Antlitz [ich mich wende(?)].[b)]
3) Komm' zu mir, Mut, mir geht es erbärmlich![c)]
4) Wer ist (sonst) bei mir, zu dem <ich> rufen könnte?[d)]
5) Es gibt keinen Herrn, der als Beschützer hinter mir wäre.[e)]
6) Es gibt keinen Bruder, <zu> dem <ich> eilen könnte.[f)]
7) Ich will mir keinen Beschützer
8) (oder) Patron unter den Menschen machen.[g)]
9) (Stattdessen) verlasse ich mich auf Mut.[h)]
10) Komm' [zu mir,---] ...[i)]
11) Mache nicht [----], ihre Falle ist aufgestellt(??)[j)]
12) ....[k)]

a) *qnw* in der Bedeutung "lange Zeit" auch in Med. Habu II, pl. 82, Z.16-17: *j.jr=w-qnw-ḥ3=sn* - "They had spent a long time behind them", Übers. von EDGERTON-WILSON, Historical Records, 77 n. 17a. Verweis hierauf bei CAMINOS, A Tale of Woe, 42 n. 5; s. 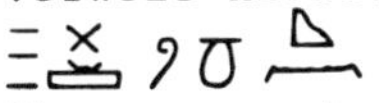 dort in pPushkin 127, col. 3,13, ebenfalls zu übersetzen durch "many (years), a long time". Das genaue Gegenstück hierzu könnte in *ḫr-nḥ3w* (= *nḥj*; ) auf der Stele Turin 50049,3-4, vorliegen (ed. TOSI-ROCCATI, Stele e altre epigrafi, p. 84 u. 281). Es heißt dort: "Wer zu dir eintritt betrübten Herzens, der kommt jubelnd heraus in Kürze", Übers. und Emendation des *nḥ3w* > *nḥj* mit BRUNNER, in: Religionsgesch. Textbuch zum AT, 66 mit n. 159. TOSI-ROCCATI scheinen *ḫr-nḥ3w* zu *ḫr-nḥmw* zu emendieren, wenn sie schreiben: "Chi entra da te con cuore afflitto esce allegro giubilando", gehen also von einer Verschreibung aus  aus. Beide Lesungen sind möglich. Da die Bedeutung "viele (Jahre), langer Zeitraum" von *qnw* aber unbestreitbar neben der gewöhnlichen "viel, zahlreich" existiert hat, muß es auch ein Wort gegeben haben, das, zumindest in einer Nebenbedeutung, in genauer semantischer Opposition zu *qnw* gestanden hat. Hier kommt nur *nḥj* "etwas, ein wenig" (Wb II 280,4-10) in Frage. Von daher halte ich BRUNNERs Vorschlag für den treffenderen.

Auch Si-Mut-Kiki (TT 409) geht "mit sich selbst zu Rate (*wn-jn=f-ḫr-w3w3-ḏs=f*)", bevor er sich einen "Schützer" (*nḫw*) sucht und anschließend Mut "an der Spitze der Götter findet"; s. VERNUS, in: RdE 30, 1978, 120 (Z.4-5): "alors il médita sur lui-même".

b) die Spuren in der Lücke nach Mut sind zu schwach, um eine Lesung zu wagen, meine Übersetzung ist nur eine Ergänzung dem Sinne nach. Das *ḥr* - "Antlitz" der Mut könnte sich auf das ihrer Kult- bzw. Prozessionsstatue beziehen, an das der Beter sich in seiner letzten Not wendet (*ḥr* als "Gesicht" einer Statue Wb III 127,4). S.a. u. c).

c) *mj-n=j* als Hilferuf eines Beters an eine Gottheit ist neben seinem fast obligatorischen Erscheinen in Gebeten auch ein charakteristisches Indiz für eine Orakelfrage; Liter. dazu bei VERNUS, in: BIFAO 75, 1975, 109 n. (o). Dies sei nur deswegen erwähnt, weil im vorigen Vers vom "Antlitz" der Mut die Rede war, und konkret doch wohl von dem ihres "Kultbildes". Dem widerspricht auch nicht die Tatsache, daß die Prozessionsbilder der Götter bei ihrem "Auszug" im Schrein verborgen blieben.

d) lies *m-[dj]=j*. Die Spuren im Faksimile wie der Kontext lassen keinen Zweifel daran. Emendiere ferner zu ^{c}*š<=j>-n=f* und vgl. dazu Wendungen aus der Gebetslyrik der "Persönlichen Frömmigkeit" wie "Du bist Amun, der kommt zu dem, der zu ihm ruft (^{c}*š-n=f*)" bei ASSMANN, ÄHG, Nr. 177,13; 188,13 u. passim.

e) mit *nb* kann auch ein göttlicher "Herr" anvisiert sein wie in pAn. II 9,4: "Mein Herr ist Schützer", es ist die Rede von Amun (ÄHG, Nr. 177,8).

f) Lesung  nach POSENER ungewiß. *ḥn=f* emendiere zu *ḥn<=j-n>=f* analog zu ^{c}*š<=j>-n=f*. Es liegt Auslassung des *n*-Dativs wegen / *n*/ von *ḥn* vor, mit dem es zusammengefallen ist. Zum häufigen Wegfall des Suff. 1. sg. s. ERMAN, Neuäg. Gramm., §§ 62. 403 Anm. 2.

g) dieses Verspaar ist bereits von BORGHOUTS, in: CdE 58, 1983, 114, mit einem nahezu gleichlautenden in dem Vermächtnis des Si-Mut-Kiki zusammengebracht worden: *bw-jr=j-n=j nḫw m-rmṯ [st*^{3}*]w(?) m-wr.w* (TT 409 = ASAE 59, 1966, pl. XLIX, Wand H, Z. 17-18). Statt *st*^{3}*w* ergänzt VERNUS, in RdE 30, 1978, 130, zu [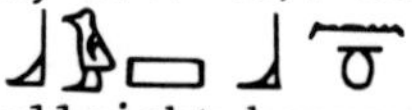] gemäß pAn. II 9,3, was den Umfang der Lücke vielleicht besser füllt. Andererseits könnte unser Verspaar eine leicht verkürzte Version des in der Inschrift des Si-Mut vorkommenden darstellen. Auch ASSMANN, ÄHG, Nr. 173,43, ergänzt [Patron], scheint also von *st*^{3}*w* (Wb IV 334,1) auszugehen.

Grammatisch ist allerdings ein wichtiger Unterschied anzumerken: Bei Si-Mut lautet das Negationsparadigma *bw-jr=j-n=j*, in DeM 1638 hingegen *bn-jrjj=j-n=j*. Will man in dieser m.E. entscheidenden Differenz nicht "a slip of the pen" sehen (dazu CAMINOS, A Tale of Woe, 27 mit nn. 2-4), dann liegt in unserem Ostrakon die Konstruktion *bn* + initiales prosp. *sḏm=f* vor, das nach GROLL, Negative Verbal System, 119, besonders gebraucht wird "in oaths when the person taking the oath relies on an external power (either the God or the

Ruler...)". Die Tatsache, daß der Eid hier nicht expressis verbis als solcher markiert ist (*wꜣḥ-pꜣ-ḥqꜣ* etc.) steht unserer Deutung nicht entgegen.

Der Beter verspricht demnach feierlich, sich auch in Zukunft keinen menschlichen Beschützer zu suchen. Zum irdischen : göttlichen Beschützer s. noch ÄHG, Nr. 186,6: "Ein Beschützer unter den Menschen vergeht, seine Pläne werden zuschanden"; ferner Nr. 177,5-11; Lehre des Amenemope 22,3-4; POSENER, in: RdE 27, 1975, 209 mit n.38.

h) *jw=j-hn=kwj* entweder mit Wb II 494,15 "sich auf jmd. verlassen" oder ibid. 495,1 "jmd. zustimmen". Ich gehe von ersterer Bedeutung aus, lit. ist zu übersetzen "indem ich zu Mut geneigt bin". Inhaltlich ist hiermit ÄHG, Nr. 186,4 vergleichbar, dessen Text lautet: *dj=j*<*-wj*>*-n=f r-ḏr=j* - "ich gab <mich> ihm gänzlich zu eigen" (s.a. 186,7). Es ist von der völligen Hingabe der eigenen Person an die jeweilige Gottheit die Rede.

In der Inschrift des bereits mehrfach genannten Si-Mut lautet eine Passage (s. VERNUS, l.c., 135): *(nn-wn-šr[j] š[r]j.t[sn] sn.t) jw=j-ḥr-hn=j n-Mw.t* - "(es gibt weder einen Sohn...), so daß ich mich auf Mut verlasse". Dort geht es um den Ausschluß der genannten Personen vom Erbe, das allein der Mut zugute kommen soll.

i-k) ich muß gestehen, daß mir der Inhalt der drei letzten Zeilen infolge der zerstörten Anfänge gänzlich verborgen bleibt. Zur "aufgestellten (Vogel)falle" (*pꜣjj=s-pḫꜣ-grg*) der Mut(?) sei nur auf das dubiose  - "Fischreuse" in der Inschrift des Si-Mut Kiki verwiesen (= ASAE 59, 1966, pl. L, Z.45; von WILSON, in: JNES 29, 1970, 191 mit "traps(?) (of evening)" wiedergegeben). Der Kontext ist jedoch reichlich zerstört.

III.3. Verklärung eines "Osiris NN"

(POSENER, Catalogue, t. III, pl. 25 (= col. I, s.u. p. 83f.); pl. 26-27 (= col. II u. III)

Lit.; erwähnt bei J.F.BORGHOUTS, in: CdE 56, 1981, 66.

col. II

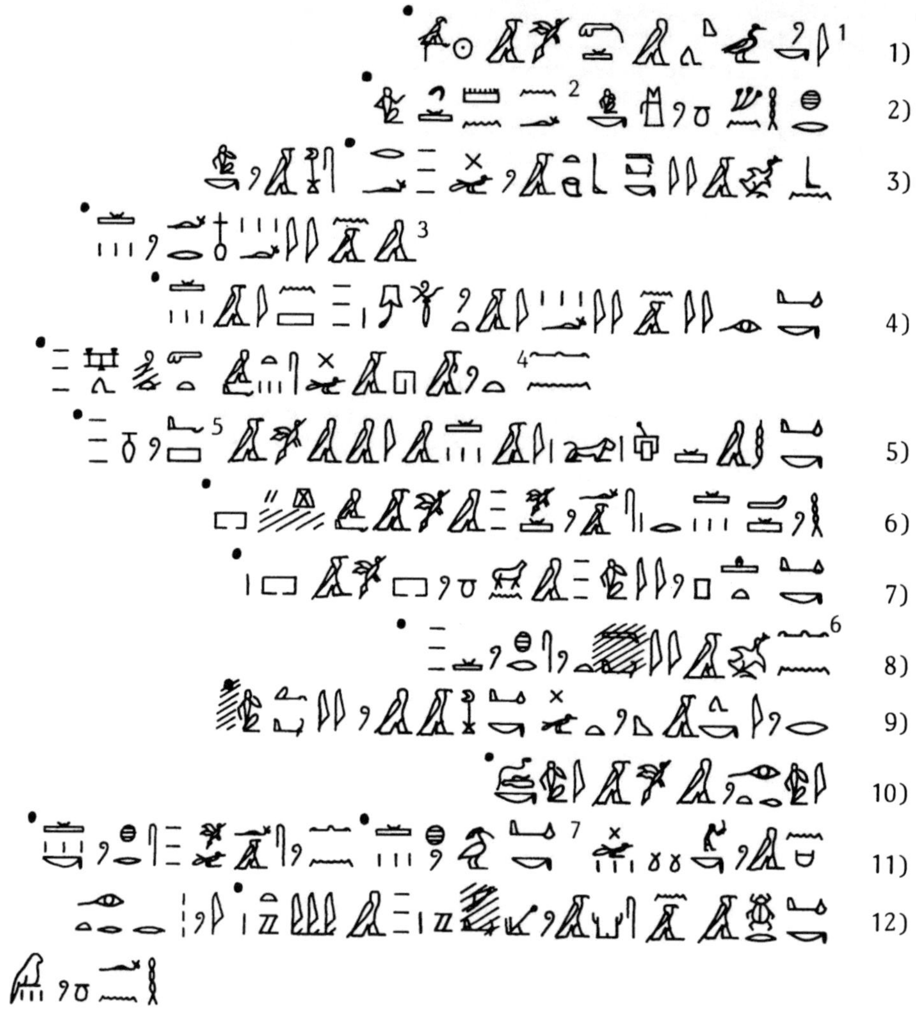

Übersetzung:

1) Wenn du eintrittst in die Gegenwart Pres,•
2) dann sollst du ihm den NN überweisen.•[a]
3) Nicht sollst du (irgendwelche) Verbrechen an ihm strafen,•
sondern dich seiner guten Taten erinnern.•[b]
4) Mögest du gestatten, daß sein Vieh freien Auslauf(?) hat,•
ohne daß es vom Wege zurückweicht.•[c]
5) Du mögest *sr<m.t>*-Bier dort in dem Krug süß sein lassen,•[d]
6) Speisen und gefiederte Jagdbeute im Magazin.•
7) Mögest du Zufriedenheit spenden im Innern des Hauses,•
8) ohne daß man auf (falsche) Gedanken kommt(?). [•][e]
9) Mögest du das Verderben beseitigen und Milde zeigen,•
10) man tut ja das, was du gesagt hast.•[f]
11) Mögest du Schädliches hinfortnehmen und (dafür) Nützliches geben,•
ohne daß dein Plan säumig sei.•[g]
12) Mögest du doch die gepflügten Äcker zu (Korn)feldern werden lassen,•
so daß sie unzählige (Erträge) hervorbringen.•[h]

a) das Suffix in *jw=k* verweist auf den in col. I genannten, aber leider nicht mehr erhaltenen Namen des Gottes, der den Verstorbenen (*Wsjr-mn* = Osiris-NN) vor den hier als Totengott fungierenden Pre führt. Für diese Rolle kommt natürlich in erster Linie Thot als Psychopomp (s. z.B. Tb 18) in Frage. Der Text von col. II ist bis incl. V.12 (Z.7 Ende) an diesen Gott gerichtet.
Mit dem "Überweisen des NN an Pre" ist der Akt des eigentlichen Totengerichtes gemeint, wie auch der folgende Vers 3 deutlich zeigt.

b) *bn-t3jj=k* ist neg. initiales prosp. *sdm=f*, hier als Wunsch oder, treffender, als Aufforderung zu übersetzen. Der göttliche Wägemeister soll also die "guten Taten" (*nfr.w*) gegenüber den "Vergehen" (*bt3.w*) überwiegen lassen.

c)  ist völlig verderbt. In Anbetracht des negierten Nachsatzes *nn-twh3*... könnte dem fraglichen Wort ein Verbum der Bewegung zugrundeliegen. Hier kommt am ehesten ein verlesenes und daher falsch memoriertes 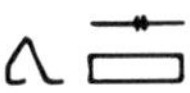 in Frage. Da es als Obj. zu *jrjj* dient, bietet sich das Wb III 483,3-6 verzeichnete *zš* - "freien Lauf (geben)" an. Gemeint ist demnach, daß sich das Vieh des Verstorbenen zwar ungehindert bewegen, aber dennoch nicht in alle Winde zerstreuen solle (= "vom Wege abweichen"), worauf *nn-twh*^{3}*=s m-*^{c}*-mtw.t* anspielt.

Die Graphie von *twh*^{3} mit der Gruppe  beleuchtet auf das schönste die von EDEL erschlossene Lesung des  -Vogels (sign-list G 4) als *tw* statt *tjw*; s. ders. dazu zuletzt, in: ÖAW, 375. Bd., 1980, 46-48.

twh^3 heißt "zurückweichen", zusammen mit der Präp. *m-*^{c} - danach "z. von/m".

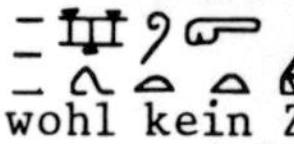 nicht im Wb, an seiner Bedeutung "Weg" o.ä. kann aber wohl kein Zweifel bestehen. In Č-G, HO I, pl. XIV 3,1, liegt es in der Form  vor, der Kontext ist (mir) aber sehr unklar. Besser verständlich begegnet es dagegen in HO I, pl. LXXIX, 6, in der kürzlich von Frau GUGLIELMI bearbeiteten ""Lehre" für einen reiselustigen Sohn" als , was dies. mit "Kurs" wiedergibt; s. WdO 14, 1983, 152. 159 n. y). An der Interpretation unseres  vor dem fraglichen Wort als zusammengesetzter Präp. *m-*^{c} halte ich trotz der genannten Parallelen fest, in denen diese Gruppe jeweils zum Radikalbestand dazugerechnet werden muß.

d) 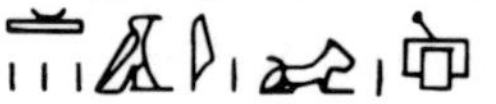 ist genauso korrupt wie *nšj* in der Zeile zuvor. Die syllabische Umsetzung des intendierten Wortes hat "buchstabierenden" Charakter. Es wird sich um kein neues Fremdwort handeln, sondern um genuin äg. *sr<m.t>* - "Dattelbier". Eine ganze Reihe von Faktoren können diese Interpretation stützen: 1. wird bezüglich dieses śá-rú-'e (in HELCKs Vokalisation der syll. Gruppen) gewünscht, daß es *nḏm* - "süß" sei. *srm.t*-Bier bzw. -Hefe wird sehr häufig als *nḏm* in einschlägigen Quellen bezeichnet, s. z.B. AEO II 234*; Wb äg. Drogennamen, 458. 2. werden ^{c}*š*-Krüge vornehmlich zur Aufbewahrung von Bier benutzt, Wb I 228,7, und 3. kommt ein lautlicher Faktor hinzu. Nach dem Determ. von śá-rú-'e folgt das Adv. *jm* - "dort, darin", wobei das davor erscheinende  entweder mit ERMAN, Neuäg. Gr. § 592, die typisch (spät)neuäg. Schreibweise des Adverbs darstellt, oder aber davon zu trennen ist und den Auslaut des *srm(.t)* bildet. Am meisten hat wohl die Annahme für sich, daß bei der Memorierung des Wortes die Grenze zwischen *srm(.t)* und *jm* verwischt war, da zwei /*m*/ unmittelbar in der Wortfuge aufeinanderfolgten. Das bereits abgefallene *.t* (s. Kopt. >ⲤⲞⲢ̄Ⲙ) stand dem ohnehin nicht im Wege.

e) *ṯ*^{3}*jj* bedeutet im Unterschied zur homographen Wurzel *ṯ*^{3}*jj* in Z.2 hier "ergreifen, nehmen". In Verbindung mit *sḫr(.w)* kommt dem hier vorliegenden Ausdruck die Stelle Wenamun 2,69 am nächsten. Dem frustrierten äg. Handelsreisenden soll zur Aufheiterung seiner Sinne eine Sängerin zugeführt werden, damit nicht *ṯ*^{3}*jj-ḥ*^{3}*tj=f-sḫr(.w)* - "sein Herz (falsche) Pläne fasse / Gedanken hege". Der Übersetzung

GOEDICKEs, Report of Wenamun, 123. 124, kann ich mich nicht anschließen.

Da ich aufgrund meiner Interpretation dieses Versteiles keinen Konnex mit dem anschließenden *rwj=k ... dj=k ...* sehen kann, schlage ich die Supplierung eines "Vers"-punktes nach *sḫr.w* vor.

f) *rwj* hier transitiv "beseitigen" (Wb II 406,18-21), *ꜣqw.t* ist *ꜣqjj.t* - "Verlust", OSING, NBÄ, 583 n. 495.

ḫꜣm - "sich (ehrfürchtig) beugen" mit  -Determ. anscheinend bisher nicht belegt. Ob ausgehend von der Grundbedeutung "beugen" hier an "Zuwendung, Zuneigung" zu denken ist?

Der Vers läßt vielleicht auch noch eine ganz andere Deutung zu: "mögest du den vertreiben, der zerstört (*ꜣqy.t* - "Zerstörung, Zerstörtes", OSING, o.c., 480 n. 138); mögest du (an seine Stelle) setzen den, der sich verneigt", d.h., "der willfährig ist". Dies könnte im Lichte des folgenden Verses seine Bestätigung erfahren: "man tut das, was du sagst/gesagt hast".

Zu *ḫꜣm* s. noch ČERNÝ, in: BIFAO 41, 1942, 112 n. D: ""être courbé" (en travaillant dur), puis "travailler pour quelqu'un, servir à quelqu'un"", dort von Uschebtis, s. dazu u. n. a) zu col. II, 8-10, Vers 13.

Beachte noch, daß *rwj=k-ꜣqw.t* (V.10) und *nḥm=k-wgꜣ* (V.11) wie *dj=k-ḫꜣmjj* (V.10) und *dj=k-ꜣḫ.w* (V.11) zueinander im Verhältnis eines parallelismus membrorum stehen.

Die Präp. *m* vor *pꜣ-j.ḏd=k* betrachte ich als nota accusativi; dazu BÖHLIG, in: GM 23, 1977, 19-23.

g) *wgꜣ* steht laut Wb I 376,15 in semantischer Opposition zu *ꜣḫ*, was dieser Vers ja bestens bestätigt.

Der angesprochene Gott möge demnach keinen Verzug bei der Realisierung seines "Planes" entstehen lassen. Zum göttlichen "Plan" s. so bekannte Stellen wie Sin B 43 und Amenemope 21,14 u. 23,8.

h) mit  nach *ḫpr* liegt die semantisch nicht einwandfrei erschlossene enkl. Part. *ꜣ* vor, die sich in eben dieser Kombination *ḫpr-ꜣ* auch in An. II 3,13 findet (die Var. An. V 8,6 ist hier verderbt; GARDINERs Erklärung in LEM 24 a, n. 4b, halte ich im Lichte unserer Stelle für überholt). Zur Part. s. ders., in JEA 34, 1948, 12-13.

skꜣ.t - "ploughland" kurz behandelt bei GARDINER, AEO II 234* und CAMINOS, A Tale of Woe, 62 mit n. 8. Es kann sich doch nur um eine passivische Ableitung von der Wurzel *skꜣ* - "pflügen" handeln, also "das Gepflügte; zu pflügende(s Land)". Es wird den Zustand der frisch gewendeten Ackerkrume vor Eintritt der Saat bezeichnen. *sḫ.t* markiert demgegenüber das "(korntragende) Feld" kurz vor der Ernte.

ḥfnw meint die "unzähligen (Erträge)" der *sḫ.t*-Felder.

col. II

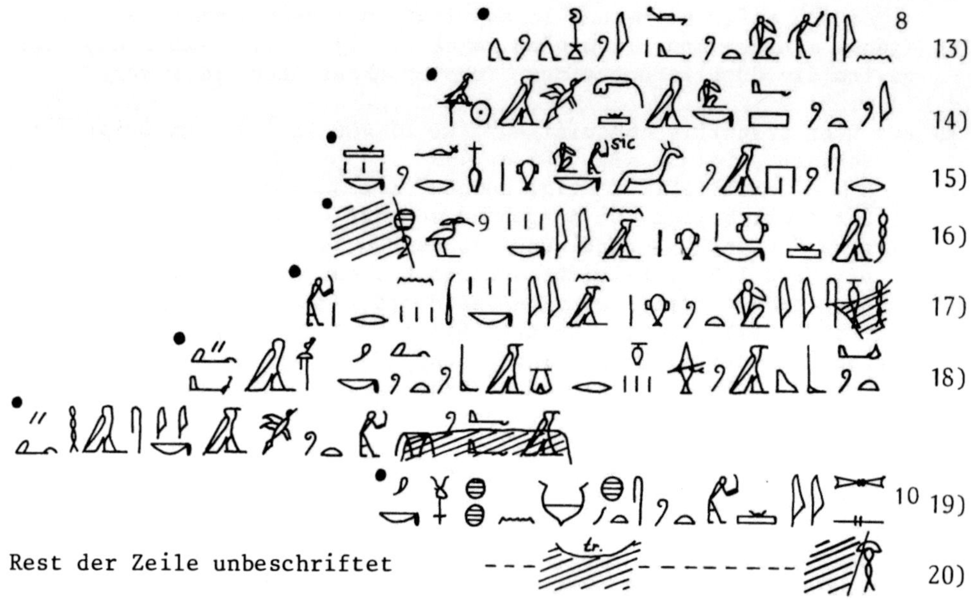

8
13)
14)
sic
15)
9
16)
17)
18)
10
19)
Rest der Zeile unbeschriftet
tr.
20)

Übersetzung:

13) Ruft man einen, dann kommen tausend.• a)

14) Man zitiert dich in die Gegenwart Pres,•

15) um dich zu rühmen wegen deiner guten Taten.• b)

16) Fröhlich seist du wegen deiner nützlichen Werke,•

17) indem du gelobt seist wegen deiner Tüchtigkeit.•

18) Man gibt Mornigaöl an deinen rechten Arm• und bestreicht deinen linken.• c)

19) Man knüpft einen Kragen an deinen Hals,• d)

20) [Man] legt [--•]. e)

a) zu diesem Vers liegt eine geringfügig modifizierte Variante in Pap. Lansing 8,2 vor. Dem Schüler wird dort seine zukünftige Autorität über alle "niederen" Berufe des Handwerks etc. vor Augen geführt, indem diese seiner Autorität und seinem Kommando unterstellt sein werden, denn *ᶜš=k n-wᶜj wšb-n=k ḫ3* - "wenn du nach einem rufst, dann antworten dir tausend". Ich halte V. 13 für eine Anspielung auf die Uschebtis, die dem Verstorbenen im Jenseits zu Diensten sein sollen. Vgl. hierzu wieder Lansing 10,9: *cš=k jw-tw-ḥr<-ḏd>* : *mk-wj* - "rufst du, dann sagt man: "Da bin ich!"" und den Kommentar bei CAMINOS, LEM, 409; zur Formel *mk-wj* SCHNEIDER, Shabtis I, 145f.

Von diesem Vers rückblickend darf vielleicht das *ḫ*^{3}*mjj* in col. II, Z.6 (s.o. n. f), bereits auf die Uschebtis bezogen werden und ist dann in Anlehnung an ČERNÝ mit "travailler pour quelqu'un" u.ä. zu übersetzen. In dem von ČERNÝ, in: BIFAO 41, 1942, 107ff., bearbeiteten Tabl. McCullum heißt es Z.2-3 in der Rede Amonrasonthers: "Je chargerai les oushebtis ... pour qu'ils fassent tout service (*md.t-nb.t n-ḫ*^{3}*m*) pour Neschons"; so auch BORGHOUTS, l.c., 66 n.1.

b) zu *cš=k m-b*^{3}*ḥ* + GN, das zum Topos der "Berufung in die jenseitige Gemeinschaft eines Gottes ..., vor allem ... zum Sonnengott am Himmel" gehört, vgl. die zahlreichen Belege bei ASSMANN, in: JEA 65, 1979, 60 mit nn. 48-50; dort allerdings stets in der Form *njs m-b*^{3}*ḥ*. Jedoch wird unser Synonym *cš* hier aus Scheu vor einer Wiederholung des unmittelbar zuvor gebrauchten *njs* gewählt worden sein.

c) *3cc* ist primär ein terminus technicus des Bauwesens. GARDINER, in: JEA 34, 1948, 16. 18, hat für ihn die Bedeutung "coated with plaster" wahrscheinlich gemacht. Zahlreiche Verweise bei VERNUS, Athribis, 51 n. (b) (MEEKS, Alex, Nr. 78.0006). In Bezug auf den Arm des Verstorbenen kann dies nur "bestreichen" mit bestimmten Ingredienzen (auch *b*^{3}*q*-Öl?) meinen.

d) der Vers erinnert stark an das erst seit der Spätzeit belegte Tb-Kap. 158: *r*^{3} *n-wsḫ n-nbw dj r-ḫḫ n-*^{3}*ḫw* - "Spruch des goldenen Halskragens, der an den Hals des Verklärten gegeben wird"; s. BUDGE, BD 404,16-405,6. Zwischen *ṯzjj=tw* und *wsḫ* liegt natürlich Haplographie eines *ꜣ* infolge zweier gleicher Konsonanten in der Wortfuge vor.

e) *w*^{3}*ḥ[=tw]* leitet den letzten Vers dieser col. ein. Der in col. III folgende Text gehört nicht unmittelbar zum vorangehenden dazu. Denn unter col. II wäre für diesen noch genügend Platz vorhanden gewesen, s. POSENERs Vermerk "BLANC".

col. III

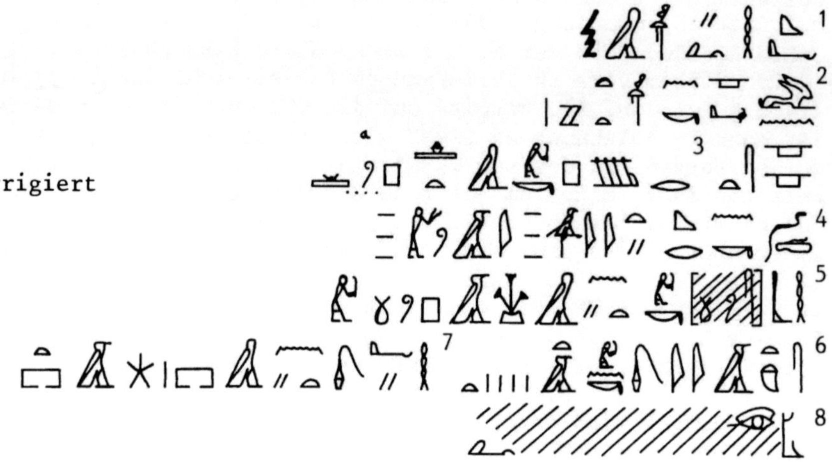

a) korrigiert

A)
21)
22)
23)
24)
25)
26)

Übersetzung:

A) Rechte Ecke[a)]

21) Es öffnet sich dir der Westen,

22) seine Türflügel werden dich in Frieden empfangen.

23) Die Höhlenbewohner sagen dir Lobpreis,[b)]

24) denn du hast den bek[leidet], der nackt war.[c)]

25) Angezündet werden dir die vier Fackeln, die im Morgenhaus sind.[d)]

26) Osiris [NN ---].[e)]

a) *q*^{c}*ḥ-wnmj* stellt einen Vermerk über den Anbringungsort des folgenden Textabschnitts (bis Z.8 incl.) innerhalb eines Grabes dar. Diese Deutung ermöglicht dann auch die vollständige Ergänzung der Z.9, s.u. Zu Natur und Funktion des Gesamttextes s. den abschließenden Kommentar.

b) *wn-n=k jmntt* gehört zum festen Repertoire der Verklärungen wie der Hymnen. Pyr. 572d heißt es z.B. *wn-n=k c3.wj-p.t* - "es öffnen sich dir die Türflügel des Himmels", die Belege hierzu ließen sich unendlich vermehren.

Bei ASSMANN, Sonnenhymnen, an die Adresse des Sonnengottes gerichtet, heißt es Nr. 244,3: *wn-n=k* ^{c3}*.wj-pwjj-špsswj nw-M*^{3}*nw*; 244,4: *jrjj-jmntt j*^{3}*w n-ḥ*^{3}*.t=k* (vgl. damit unseren V.23); ibid. 244,6: *n*^{3}*-qrr.tw [ḥr-ftft]* - "die Höhlenbewohner [hüpfen]".

c) *ḥ*^{3}*pw* halte ich für falsch. In BD 348,12 (Tb 145) beteuert der Verstorbene: *ḥbs.n=j-ntj-ḥr-ḥ*^{3}*w* (cf. a. 348,6) - "ich habe den bekleidet, der nackt war". Die Ergänzung 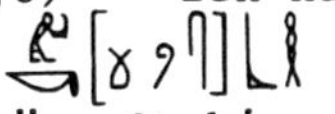 dürfte somit sicher sein. *ḥ*^{3}*p* - "verborgen, eingehüllt" paßt hier überhaupt nicht. Vielleicht preisen die Höhlenbewohner den Toten gerade deshalb, weil er dem Ideal der Biographen gemäß dem Nackten Kleidung gegeben hat.

d) der Vers ist von Tb 137A (= BD 309,1ff.) inspiriert. Eine weitere Entlehnung aus diesem Kapitel wird sich u. zu Z.12-13 aufzeigen lassen. ASSMANN zitiert diesen Vers in MDAIK 28,1, 1972, 63 n. 60, gibt dort aber *rkḥjj* statt *ḥ*^{c}*j*, und übersetzt: "für dich werden die vier Flammen im Morgenhaus angezündet", wobei das "Morgenhaus" hier nicht die königl. Ankleidestätte bezeichnen wird, sondern eher eine Lokalität des Mundöffnungsrituals; s. KEES, in: RecTrav 36, 1914, 14f.

ḥ^{c}*j* - "Docht" steht hier als pars pro toto für *tk*^{3} in Tb 137A; zum Wort SCHOTT, in: ZÄS 73, 1937, 8 n. 2; zur vielfältigen Verwendung von Fackeln in Tempel- und Totenkult vgl. GUTBUB, in: Mél. Masp. I/4, 1941, 41ff.

e)  kann mit Z.16 nur zu *Wsjr[-mn]* ergänzt werden. Die verbleibende Lücke vermag ich nicht zu füllen.

Auffallend ist am Text von col. III zum einen das Fehlen der "Vers"punkte und ferner die Orthographie eben des *Wsjr-mn* im Vergleich zu col. I u. II. Ob hier ein anderer Schreiber am Werk war, läßt sich mangels Faksimile nicht entscheiden.

col. III

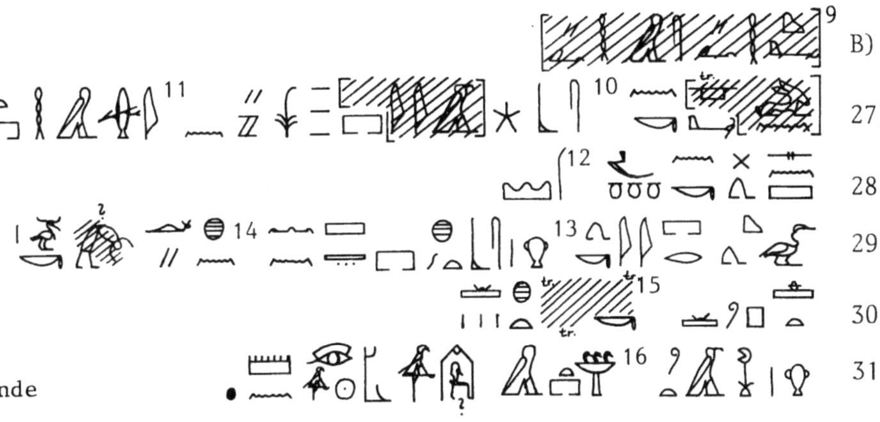

Ende

Übersetzung:

B) [Linke Ecke]

27) [Es öffnen sich] dir die südlichen To[re] der Jmhet.[a)]

28) Es tut sich dir auf der Westberg.[b)]

29) <Du> mögest eintreten in (und) herausgehen aus dem unzugänglichen Tor, ohne daß dein Ba widerspenstig(?) ist.[c)]

30) Mögest du zufrieden sein [über(?)] die Opfer

31) auf dem Altar in der Gotteshalle(?), Osiris NN.[d)]

a) der Rest von Z.9  wird die Ergänzung zu [*wn*]-*n=k* analog zu Z. 2 rechtfertigen. Von hier aus rückschreitend und wiederum analog zu Z.1 kann die erste Hälfte der Zeile dann nur 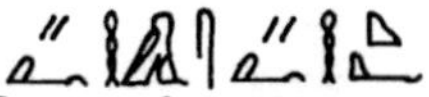 "linke Ecke" als weiteren Vermerk enthalten haben. S. u. den Kommentar. S. CT VII 26 (sp. 825, Titel) bzw. CT IV 344c (sp. 341): "geöffnet sind mir die Tore der Imhet".

b) in BD 278,15-16; 278,16-279,1, folgen aufeinander die Verben *wn(-ꜥꜣ.w)* *zš(-sbꜣ.w n-Rꜥw)* - "(sich) öffnen, auftun", was die Ergänzung noch sicherer macht.

c) *ꜥq-prjj=k ḥr-sbḫ.t-štꜣ(.t)* ist wie col. III A V. 25 dem Kap. Tb 137A entlehnt (= BD 309,5-6) und folgt dort wie hier in kurzem Abstand auf die Erwähnung der vier Fackeln. Eintritt zu erlangen in das "unzugängliche Tor" ist auch ein Wunsch der Opferformel; dazu BARTA, Opferformel, 177, Bitte 84b. Zur Verbindung *ꜥq-ḥr* s. HORNUNG, Amduat II, 103 (5.) u. 82 IV.: "vom Betreten sonst unzugänglicher Bereiche".
ḫnf(j) ist äußerst problematisch. Ob mit *ḫnf* - "Anmaßung, Ungehorsam", Wb III 292,1, zusammengehörig? In BD 309,6 folgt auf *ḥr-sbḫ.wt-štꜣ.jjt* der Nachsatz *nn-šnꜥ=f ḥr-Wsjr* - "ohne daß er (der Ba) abgewehrt werde von O.". Möglich also, daß *nn-ḫnf* aus *nn-šnꜥ=f* entstanden ist. Das rätselhafte Determ.  (?) hilft einstweilen auch nicht weiter.

d) mangels Faks. hat meine Ergänzung *ḥtp[.w]=k* [*ḥr*]-*jḫ.t* nicht mehr als provisorischen Charakter. Zur Verbindung *ḥtp ḥr* - Speisen s. Wb III 188,7.
Ist vor *Wsjr-mn* etwa *zḥ-špsj* zu lesen? Eher doch wohl *zḥ-nṯr* - "Gotteshalle".

Zu Natur und Funktion des Textes

Wenn der Text der col. I auch stark zerstört ist, läßt sich seine Zweckbestimmung dennoch auf Anhieb feststellen. Es handelt sich um eine Modell- oder anonyme Verklärung (*s*^{3}*ḫw*) eines "Osiris NN" (Z.4; 10) bzw. um den Entwurf zu einer solchen. In Z.1 ist gleich zu Beginn die Rede von vier (göttlichen) Wesen, die nach DeM 1080,8 sehr wahrscheinlich "die vier Großen/Ältesten, Herren des abgeschirmten Landes" sind, so daß wohl ergänzt werden darf: 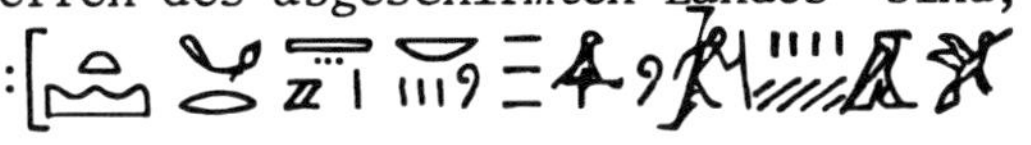

In jenem Text ist häufig von "Reinigungen" die Rede, so sollen auch diese vier Wesen "mich reinigen (*sw*^{c}*b-wj*) ... beim Berechnen (9) der Flut, der Insel inmitten des Großen Grünen(?) (*ḥr-ḥ<s>b* (9) *nwjj.t jw ḥrj-jb-w*^{3}*ḏ-wr*)". Ausgehend von der Vierzahl könnten sich die vier Reinigungsgötter Horus, Seth, Thot und Dun-anui dahinter verbergen. Beachte auch, daß in col. I,2 in 1441 ebenfalls von einer "Reinigung" (des Re) die Rede ist, und zwar am *snw.t*-Fest des 6. Tages des Mond(?)monats[1]. Dieses Fest erscheint vielleicht in einer etwas korrupten Orthographie wieder in DeM 1080,6. Z.5-6 lauten dort[2]: *jw=j-w*^{c}*b* (6) [*=kwj*]
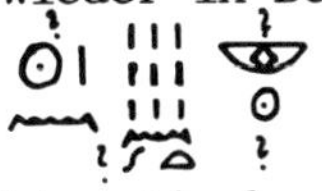 - "ich bin rein am Tage des ... (?)-Festes". Das hieratische Zahlzeichen "9" sieht allerdings reichlich korrumpiert aus. Die Verlesung einer liegenden 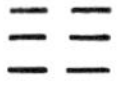 wie in DeM 1441 I,2 in eine senkrechte  wie in DeM 1080,6 ist schwer nachvollziehbar[3].

Wie dem auch sei, es muß eine mehr oder minder enge Verbindung zwischen beiden Texten bestehen[4].

Anschließend gebe ich das, was ich von dem zerstörten Text zu verstehen glaube, in Übersetzung:

---

[1] ergänze 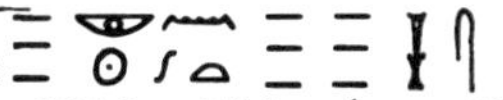 o.ä.; zum Fest des 6. Tages s. BARTA, in: ZÄS 95, 1969, 76f. (zur Verbindung mit Re) und zum allmonatlichen Begehen dieses Festes WINTER, in: ZÄS 96, 1970, 151f.

[2] unter der Voraussetzung, daß am Anfang von Z.6 nicht allzuviel fehlt.

[3] s. MÖLLER, HP II, Nr. 661 u. 622.

[4] vgl. ferner DeM 1441 I,2: *r-h*^{3}*j r-*[---] und *h*^{3}*j r-* in DeM 1080,7 Anfang; *r-sw*^{c}*b-R*^{c}*w* in 1441 I,2 u. *mj-w*^{c}*b-R*^{c}*w m-p.t* in 1080,7 Ende.

I,1ff: "[---] die, die im Himmel sind, die aus der Dat herauskommen, (?) um hinabzusteigen zu/in [---], um Re zu reinigen am Fest des 6. Tages. Man sagt zu dir: "Jubel[5]/freue (dich), werde nicht müde (3) an [deinem Herzen(?)[6]"], zum Westen (*r-ꜥnḫ.t*), [---] das/dem Land der Gerechten (*pꜣ-tꜣ n-mꜣꜥ.tj*), die Sprüche der Achtheit am [Tage(?)] (4) des Begräbnisses, das dem Osiris NN bereitet wird(?). Willkommen, du hast den Westen (*jmntt*) erreicht, du Gelobter [---]. (5) [Stiere] ziehen dich, Sänger sind vor dir[7], Räuchergeräte[8] neben dir (*sḥtpjj m-tp-mꜣꜥ=k*), ... (?) (6) Süden/südlich [--- geöffnet(?)] wird dir der Weg. Die Herren der Dat sagen zu dir: "Wi[llkommen[9] ---] ...".

In Z.7 folgt ein weiteres  -Zeichen. Direkt daran schließt sich ein Vermerk, der lautet  - "Links". Das Gegenstück hierzu, nämlich , leitet den Text der 1. col. (Z.1) ein. Zusammen mit der Notiz *qꜥḥ-wnmj* in col. III,1 und dem mit Sicherheit zu ergänzenden *qꜥḥ-smḥj* in III,9 können diese Vermerke nur als Hinweis darauf verstanden werden, an welcher Wand bzw. welcher "Ecke" (*qꜥḥ*) einer bestimmten Wand innerhalb eines (Privat-)grabes die einzelnen Textabschnitte anzubringen sind.

Diese Erkenntnis führt unweigerlich zu der Schlußfolgerung: der Text des Ostr. DeM 1441 col. I-III ist der Entwurf für die Beschriftung bestimmter Wände eines Grabes mit Verklärungssprüchen. Nachdem es o. im Verlauf der Kommentierung von col. III gelungen war, gewisse Verse der "rechten" bzw. "[linken Ecke]" mit entsprechenden Partien in Tb 137A (Nachschrift) zu identifizieren, verbleibt nur noch, die Probe aufs Exempel zu machen und uns die Frage zu stellen, in welchem Grab und, wenn,

---

[5] die Reste  können doch nur zu *jhꜣjj* - "Jubel, Freude", Wb I 1 7/1 8 ergänzt werden. *jhm* - "Trauer", ibid. 1 8,2 0-2 2 möchte ich ausschließen.

[6] ob *m-wrd* (6) *n-[jb=k]* mit Wb I 338 ,5 (*m-rdj-wrd n-jb=k* u.ä.) zu ergänzen ist? Vom  nach [*jb*] müßten allerdings unter der Zeile noch Spuren sein, die POSENER aber nicht vermerkt.

[7] diesen Vers hat POSENER als aus Sin B 194 stammend erkannt.

[8] trotz  als Determ. kommt für *sḥtpjj* nur die Bedeutung "Räuchergerät", Wb IV 2 2 /22 3, in Betracht.

[9] so zu ergänzen gemäß Z.4 nach .

wo dieser Spruch aufgezeichnet worden ist. Vorweg ist einzuräumen, daß Tb 137A auf das engste mit 137B zusammengehört, dessen Titel lautet: "Spruch zum Anzünden der Fackeln" und eine Kurzfassung zu 137A darstellt. Tb 137B begegnet nun im Grab TT 3 von Deir el-Medineh (19. Dyn.), weiter in TT 218b, jeweils auf dem Tympanon der westl. Innenwand. Die Vermerke in col. III können nun so verstanden werden, daß der Text von III,2-8 auf der "nördlichen = rechten" Hälfte der Westwand eines Grabes angebracht werden sollte, der von III,9-16 hingegen auf der "südlichen = linken" Hälfte. Hierzu stimmt insbesondere die Erwähnung der "südlichen Tore der Jmhet". Laut Amduat, 5. Stunde, ist die Imhet im Süden der Unterwelt[10] lokalisiert. Ein entsprechend zu erwartender Verweis auf "nördliche" Regionen der Dat in III,2-8 bleibt allerdings auf. Das splitting des col. III-Textes in zwei Hälften könnte entweder bereits vorgegebenen architektonischen Gegebenheiten des Grabes, in dem der Text Verwendung finden sollte, Rechnung tragen, und/oder einfach die zugehörige Tb-Vignette im Zentrum der Wand einrahmen. Sollte erstere der beiden Erklärungsmöglichkeiten zutreffen, bleibt verwunderlich, daß der Name des Grabinhabers als "Osiris NN" anonym gehalten ist.

Wie dem auch sei, jedenfalls können wir rückblickend auf den Text der col. I diesen den beiden Längswänden (*wnmj* = Nordwand, *smḥj* = Südwand[11]) vor der abschließenden Westwand zuordnen. Wo col. II zu lokali-

---

[10] diesen Hinweis verdanke ich einer im übrigen äußerst fruchtbaren Diskussion mit Herrn Wolfgang WAITKUS. Der entsprechende Text der 5. Stunde ist aber nur in den Textzeugen U und Th III tatsächlich auf der Südwand reproduziert; s. HORNUNG, Amduat, II, 92. Bei ASSMANN, ÄHG, Nr. 130, 171, findet sich die Bemerkung: "Du (d.i. Amun) hast die Unterwelt (*Jmḥt*) aufgetan nach Süden hin".

[11] vgl. hierzu jedoch das statement von CARTER-GARDINER, in: JEA 4, 1917, 144: "Note that the terms "right" and "left" are employed from the point of view of a spectator looking outward towards the entrance of the tomb" anläßlich ihrer Behandlung des Turiner Planes vom Grabe Ramses'IV. Abweichend hiervon scheint aber *qꜥḥ-wnmj* resp. *q.-smḥj* in unserem Fall aus der Sicht eines Betrachters in das Grabinnere verwendet zu sein. Darauf läßt die Lokalisierung der "südlichen Tore der Imhet" in der linken = südlichen Ecke schließen.

sieren ist, läßt sich mangels Vermerk nicht sicher ausmachen. Jedoch ist wahrscheinlich, daß dieser Abschnitt die Fortsetzung des Abschnittes I,7ff. (nach *smḥj*) bildet.

Abschließend muß noch kurz auf die Divergenz zwischen dem Wortlaut der Tb 137A-Reminiszenzen und dem entsprechenden Tb-Text selbst eingegangen werden. Die Passagen sind ja nicht deckungsgleich. Statt *tk3.w* in Tb verwendet unser Text *ḥcj*, vermehrt um den Zusatz *ntj-m-prw-dw3.t*. In *cq-ḥr-sbḫ.wt-št3jj.t* von Tb hat sich in III,12-13 ein zusätzliches *prjj=k* (resultierend aus der bereits lexikalisierten Verbindung *cq-prj*) eingeschlichen. Dieses Phänomen der Abweichung von Totenbuchtexten auf Papyri und solchen auf Grabwänden reproduzierten hat auch M. SALEH beobachtet. Man vgl. nur seine Bemerkungen hierzu (mit Bezug auf die "Verwandlungssprüche") in seiner Monographie 'Das Totenbuch in den Thebanischen Beamtengräbern des Neuen Reiches', 1984, 95 (XIV): "Manchmal weichen die Texte auch sehr von denen auf Papyri oder in anderen Gräbern ab. In TT 359 begegnen uns außerdem drei neue Vignetten mit Spruchtiteln, die in den bekannten Totenbuchversionen nicht überliefert sind...", und spez. zu Tb 137B, o.c., 75 II.3: "Bei der Darstellung in TT 3 (10) ... kommt ein begleitender Text vor, der ganz anders als der übliche Spruch 137b auf Papyri lautet". Die zugrundeliegenden Ursachen mögen hier auf sich beruhen.

IV. Index besprochener äg. Wörter

3	– Partikel (nach ḫpr) 77		jpd.w	– Tempelinventar 14
3ᶜᶜ	– bestreichen (mit Öl) 79		jfd	– fliehen 55
(m)-3ᶜᶜ< m-ᶜᶜw	– aus Angst 55		(n).jm=w<(m).jm=w für jm=w 22	
			jmj-jb=k	– gib dein Herz (daran)! 2
3w, in r-3w=f	– in seiner Länge 38		jmj-wr.t	– Westen 3
3ḥw.t	– Äcker, Felder, s. bšj-3ḥw.t		jmn-rn=f	– dessen Name verborgen ist 30
3ḥ.t	– Überschwemmungszeit 61		jmntt	– Westen 9
3ḥ3ḥ	– ergrünen 61		jmḥ.t	– Unterwelt 85 n.10
3qjj.t	– Zerstörung, Zerstörtes 77		jnj	– (zurück)holen 10;11
			jnd-ḥr=k	– gegrüßt seist du 24; 26;28
3dmj/jdmj	– rote Festkleider 44		jr-zḫ3w	– werde Schreiber! 3
———————			jrj-mw ḏw.w	– der Wasser und Gebirge schafft (von Thot) 25
j3 für jw	– Part./Konverter 68			
j3w(.t)	– Tell, Kom 51			
j3btt	– Osten 9;11		jrw	– Gestalt, s.a. jrw-št3; jrw-m3ᶜ; sšmw-m3ᶜ; št3-jrw;
j3ḫtt	– frisch 10			
j3ḫj-bj.t	– ON Chemmis 51		jrw-št3	– verborgene Gestalt 30
jᶜj	– waschen, s.a. jwḥ		jḥ3 (?)	– Teil der Blüte 54
jwḥ	– anfeuchten, bewässern 40		jh3jj	– Jubel 84 n.5
			jhm	– Trauer 84 n.5
jwtj- sn.nw=f	– der nicht seinen 2. hat (Beiwort d. Amun) 67		jt	– Gerste 56
			jtj-nṯr.w	– Vater der Götter (von Hapi) 33
jb	– s. jb-nb-ḫntš; wrd-(n-jb); ḥr.t; šrj-jb dḫ3-jb; geschrieben 49		jdb.wj	– die beiden Ufer, s. sw3ḏ-j.
			———————	
			ᶜ.t-swḥ	– bekleidete Glieder 44;61
jb-nb-ḫntš	– jedes Herz ist erfreut 33;35		ᶜ.wj-m-j3w	– Arme in lobpreisender Haltung 67
jbḥ	– Zahn 38;44;60			

ꜥn	- freundlich	21
ꜥḥ	- Palast	45
ꜥḥꜣ	- bekämpfen	34
ꜥḥnwtj	- Art Bibliothek(?)	48
ꜥš̰	- Krug (für Bier)	76
ꜥš	- rufen	72;78
ꜥq-prj	- ein- u. austreten	66; 82;86
ꜥq-ḥr	- (schwer zugängliche Orte betreten)	82;86
ꜥḏꜣ	- Lügner	9 n. 1

---

wꜣwꜣ	- überlegen, erwägen	71
wꜣḏ	- Papyrus	54
wꜥꜣ	- schmähen	43
wꜥb	- rein	83
wbn	- ansteigen (v. Nil) s.a. wzf	33
wbḫ.t	- leuchtend (weiß), von Gliedern	21;44
wn	- öffnen	46;65;80f.;82
wnj	- vorbeigehen, übergehen jmdn. (in:[tm]-wnj)	20
wnf	- sich freuen, s.a. wnf-ḥr	37
wnf-ḥr	- freudigen Gesichts	21
wnmj	- rechts	84;85f.
wnn.w	- die Existierenden (🐇)	59
wnḏw	- Rinderart	54f.
(r)-wr.t-wr.t	- gar sehr	2
wr.w	- Große, Beamte; s.a. nḏs	43
wrš̰	- den Tag verbringen	68
wrḏ (n-jb)	- müd(herzig)	84 n.6

wḥj-ḥr	- aus-, entströmen (v. Geruch)	41
wḥm	- wiederholen; s.a. wḥm-ḥrdw; wḥm-rnpj	
wḥm-rnpj	- wieder jung werden; s.a. wḥm-ḥrdw	37
wḥm-ḥrdw	- die Kindheit wiederholen (als Metapher für das Häuten der Schlangen); s.a. wḥm-rnpj	37
wḫ	- Säule, Pfeiler (als Bild der Standhaftigkeit)	5
wḫꜣ	- (Mond)nacht	69
wzf	- träge, säumig (v. Nil); s.a. wbn;dns	33;35;57
wsr	- Reicher; Reichtum	56
wsr.w	- Reichtümer	3
wstn	- ungehindert dahergehen	3f.
wgꜣ	- Schädliches	77
wdḥw	- Libationsgefäße	15

---

bꜣ-n-Rꜥw	- Name des Thot	69
bꜣjj<bj.t	- Biene	57
bꜣk	- Diener (im sozialen Sinne)	69
bꜣgj	- müde (sein); s.a. bgꜣ	38
bjk-nṯrj	- göttl. Falke	46
bw-nfr	- Gutes; Glück	38;40
bwꜣw.w	- Vornehme; s.a. šwꜣ.w	55f.
bnj	- Datteln	38
bš̰j-ꜣḥw.t	- der die Äcker bespeit (v. Hapi)	34

bg3	– aufschreien; s.a. *b3gj* 38		*njs*	– rufen 43;79
bd.t	– Emmer 56		*nwjj.t*	– Wasser, Flut(en); s.a. *tpj-nwjj*; *s͗q-nwjj* 36
———————			*nwj*	– (für die Ernte) sorgen 57
p.t-t3	– Himmel u. Erde 25;27n.3		*nw.tw*	– Städter 22
p3wr	– bitteres Getränk 15		*Nwn-wr*	– Großer Nun; s.a. *t3-m-Nwn* 20;30
prj	– heraufsteigen; s.a. *͗q-prj* 33		*nb*	– (göttl.) Herr 72
prj.t	– Winterzeit 9f.;61		*nb-Ḥmnw*	– Herr v. Hermopolis (Beiname des Thot) 24;27
psd̲	– erglänzen 52			
pgg	– Art Kröte 37		*nfr.w*	– Güte, Wohltaten; s.a. *s3-nfr.w=f* 24;27;33
ptr/j	– sehen; s.a. *rnp.wt* 15		*nmḥw*	– Freigelassene 56
pd̲	– ausstrecken 21		*nmtt*	– Schreiten; Schritt 3
———————			*nn-sn.nw=f*	– nicht gibt es seinen Zweiten (v. Amun) 67
f ͑3	– Haarlocken 55;61		*nrj*	– Furcht; Schrecken 34
———————			*nḥw*	– Schützer 71;72
m3͑	– wahr, echt, in: *jrw-m3͑*, *sšmw-m3͑* 30		*ns*	– gehen o.ä.; geschrieben 37
mj=n	– laßt uns kommen! 22		*nhj*	– etwas; kurze Zeit 71
mj-n=j	– komm zu mir! (Anruf in Gebeten) 65;72		*ns*	– einsinken 37
mw-rnpj	– frisches Wasser (der Überschwemmung) 49		*nšnj*	– wüten, rasen 33
(p3)mw-t3	– Wasser und Land 27n.3		*nšnw*	– freudige Raserei 38
mw.tw	– Verstorbene 46		*nqm.t*	– Trauer 38f.
mnḥ.t	– Papyrusstengel 54		*ng3*	– aufbrechen, -tun 21
mrw	– Wüste 34			für
mhw.t	– Familie (v. Göttern) 61		*(n)-nt͑(?)*	– Brauch; Ritual 16
(p3)-mḥj	– der Schwimmende (Bez. des Krokodils) 49		*nt͑*	– Brauch, Sitte; Organisation 25;28
msj	– bilden, schaffen (von Gefäßen); 15 (von Götterbildern) 16ff.		*ntr-(pwjj-špsj)*	– (jener herrliche) Gott 30
mkḥ	– verabscheuen 38		*nds*	– einfache Bürger; s.a. *wr.w* 43;61
mt (<mtn?)	– Weg 76			

r3	– (Zauber)spruch	49	ḥm.w=tn	– Eure Majestäten	15
rwj	– beseitigen	77	ḥn	– unbekannte Pflanzenart	40
rms	– Art Schiff	54;61	ḥn.t	– Kulthandlungen	46
rn	– Name; s.u. jmn-rn=f	30	ḥr	– Gesicht (einer Statue)	72
rnpw.t	– Kräuter; frische Pflanzen	15;40	ḥr für ḥr-dd		22
rnp.wt-mj-šᶜj	– Jahre wie Sand	3	ḥtp	– gnädig sein	5
rsf	– Fang; Beute	61	ḥḏwjj.t	– das Weiße = Fischlaich	49

ḫ3j	– hinabsteigen; geschrieben ; 51;83n.4		ḫ3w	– Pflanze (aus Punt)	15
ḫ3w	– Verwandtschaft; s.a. ḫnw	51	ḫ3m	– sich beugen	77;79
ḫbn.t	– Hohlmaß	44	ḫ3s.tw	– Ausländer	22
ḫn	– sich auf jmd. verlassen	73	ḫ3sj.t	– Pflanzenart; s. ḥs3	55
ḫnw	– Verwandtschaft; s.a. ḫ3w	51	ḫᶜw	– Aufgangsort der Sonne	9n.1
ḫrww	– Tag, für ḫ3w – Zeit	3	ḫprw	– Gestalt; Verwandlung	30

			ḫm r-	– (jmdn.) vergessen	69
ḥ3tj.w-ḥntš	– die Herzen sind erfreut; s.a. jb-nb-ḥntš	33	ḫnj ( )	– sich niederlassen (v. Nil)	34;61
ḥ3d.t	– Fischreuse	73	ḫnws	– stechen (v. Herzen)	49
ḥ3b	– Fang, Beute	52;61	ḫnp	– einatmen	42f.
ḥ(3)b.wt	– Festordnung; Ritualbuch	14	ḫnp	– rauben	42
ḥ(3)b.w	– Feste	15	ḫnfj	– (unklar)	82
ḥ3p	– verbergen	81	ḫnmw	– Geruch	42f.
ḥᶜj	– Docht	81;86	ḫnr/ḫl	– ausstreuen	38
ḥbn	– erbeuten	34;61	ḫns s.ḫnws		
ḥf3.t	– gebückte Haltung	22	ḫntj	– Vorhalle; Hypostyl	67
ḥfnw	– unzählige (Erträge)	77	ḫntj-t3	– Südland; s.a. šj	51
ḥm	– (kultischer) Diener	69	ḫntš	– sich freuen; s. jb-nb-ḥntš; ḥ3tj.w-ḥntš	

ḫr.t	– Zustand; in: jb=j-ḫr.t=j 65	sp.t	– Basis (einer Säule) 5;7
ḫs3	– Pflanzenart; s.a. ḫ3s,j.t 55	sm3ᶜ-h3b.w	– Feste ordnungsgemäß durchführen 22
ḫsf-msḥ	– "Abwehr des Krokodils" Buchtitel 48	smjj	– Dickmilch 55
ḫnw	– Residenz 45	smn	– schaffen; festmachen (von Himmel und Erde als Tat des Thot) 24f.;28
ḫr.t	– Lebensunterhalt 22;30		
ḫrdw	– Kindheit; s. wḥm-ḫrdw	smḥj	– links 84;85f.
z3w	– hüte dich! (an einen Gott gerichtet) 59	snw	– Krüge (unbek. Volumens) 55
s3ḫw	– Verklärung 83	snw.t	– Fest des 6. Tages des Mondmonats 83
sj3	– erkennen 54 (für s33-sättigen?)	snb	– heilen (v. nfr.w der Überschw. Hapis) 29;33
sᶜ3-nfr.w=f	– seine Wohltaten (des Hapi) rühmen; s.a. 32 nfr.w	sn.nw=f	– s. nn-s.
sᶜ3m	– Pflanze; vitex agnus castus L. (?) 40	sr	– verkünden, voraussagen 36
sᶜr	– Pflanzenart 54	srwḏ	– herstellen 14;16
sᶜq-r-nwjj	– in die Flut eintreten lassen = laichen 50	srm.t	– Dattelbier (?); geschrieben 45;76
sw3š	– Ehrung 24;27n.4		
sw3ḏ-jdb.wj	– der die Beiden Ufer grünen läßt 34	srd	– wachsen lassen 22
		sḥrp	– eintauchen lassen 48f.
swᶜb	– reinigen 83	sḥtpjj	– Räuchergerät 84 n.8
swnw	– Pfeile 52	sḥḏ	– erleuchten 15;17
swḥ.t	– Ei; Rogen (?); s.a. hḏwjj.t 49	sḥḏ-tk3.w	– Fackeln anzünden 47
swḥ	– bekleiden; s. ᶜ.t-swḥ	sḫ.t	– (korntragendes) Feld 77
sb3jj.t-mtr.t	– Erziehungslehre 2		
sbḫ.t	– Pylon 65;67	sḫ.tw	– Vogler; Fallensteller 52
sbḫ.t-št3.t	– geheime Pforte 82;86	sḫm	– Bez. der Sonne 65
sbq	– hell, leuchtend machen 46	sḫm	– Art Zauberbuch 48f.; 50;61
sbt	– lachen 38;60	sḫm (<ḥm)	– Heiligtum 17

sḫm-jb	- der Kühne (Bez. der Sonne) 65	štȝ-jrw	- mit verborgener Gestalt 30
sḫn/zḫn	- Eintreten (der Überschwemmung) 37;61	šdḥ	- Art Wein 15
sḫn r-	- sich niederlassen auf, an 51	qj	- Gestalt, Wesen, Aussehen 27
zš	- freier Lauf; geschrieben 𓏲𓄿𓊪𓏤 75	qȝjj.t	- (Hoch)acker 34
šš	- Vogelnest 51	qȝb	- Windung, Krümmung eines Gewässers 33
sšm	- Zuführen (von nfr.w-Wohltaten) 27	qꜥḥ	- Winkel, Seite, Ecke 9; 11;80;84f.
sšmw	- Prozessionsbilder 14; 15;16	qbḥw	- Zugvogel 51
		qmȝ	- (Freude) verbreiten; (Lobpreis) darbringen 40
skȝ.t	- Pflugland 77		
stȝw	- Patron 72		
		qmȝ-jḫ.t-nb.t	- Schöpfer aller Dinge (v. Thot) 25
šj	- See; s.a. ḫntj-tȝ 51	qn	- Starker (v. Amun) 67
šw.t	- Schatten 10	qnj	- umarmen 22
šwȝ.w	- Arme; niedere soz. Klasse; s.a. bwȝw.w 55f.;61	qnjw	- Schaden, Mangel 21
		qnw	- lange Zeit 71
šp(w) für šp	- aufgeblasen (v. Nil) 59	qnr/ql/qrj	- Erdloch (Wb V 55,1) geschrieben 𓈎𓈖𓂋𓈉 37
šm/šmm/šmw	- Heißer 9;11		
šmw	- Sommerzeit 9f.;61	qḥ	- zusammenbinden 65f.
šm-rȝ	- Heißmaul 9ff.	qdf	- sammeln; pflücken 66
šmm-rȝ	- heißmäulig sein 10n.6		
šmꜥw	- Oberägypten 51	kfȝ	- entblößen, offenlegen 48
šrj-jb	- kleinherzig 21		
šsp	- anfangen, etw. zu tun; s. šsp-nhmw; šsp-ꜥḥȝ; šsp-sbt	gȝ.wt/gȝj.t	- Kapelle 14
		grg-tȝ	- Gründer der Erde (v. Thot) 25
šsp-ꜥḥȝ	- zu kämpfen beginnen 37 s.u. šsp		
šsp-nhmw	- zu jubeln anfangen 37 s.u. šsp	tȝ-m-Nwn	- das Land ist im Urgewässer; s.a. Nwn-wr 34;35
šsp-sbt	- zu lachen anfangen 38 s.u. šsp		

t3-mrj	– Ägypten	25	*dpjj*	– Krokodile	48
t3-ntr	– Punt	15	*dnjj.t/djj.t*	– Wehgeschrei	38
t3-r3	– Heißmaul	9	*dns*	– schwer (lasten; v. Nil); s.a. *wzf*	59
tjs	– sich setzen	43	*dh3-jb*	– Demütigung	40
twh3	– (vom Wege) abweichen	76	*dqr.w*	– Baumfrüchte	41
tpj-nwjj	– Götterkollegium auf der Flut; s.a. *nwjj*	44			
			d3wj	– Mastfuß (?)	6f.
tm	– in: [*tm*]-*wnj*	21	*d3mw*	– junge Generation	43
tr	– begrüßen; respektieren	3	*d3d3.t-rsj.t*	– das südl. Kollegium	43f.
tr	– Zeitpunkt (von Naturerscheinungen)	15	*db3*	– vergelten, wiedergutmachen	33
tk3	– Fackel; s.a. *shd-tk3.w*	81;86	*df3.w*	– Speisen (hier bestehend aus Fisch und Geflügel ?)	38
tkn	– sich nähern; geschrieben	46	*Dhwtj*	– GN Thot	24ff.
			dsr.t	– Art Bier	21;44;45
t3jj	– fassen, ergreifen; in: *t3jj-h3tj-shr.w*	76f.	*dd-bjn r-*	– böse reden gegen jmdn.	10n.6
t3w	– Wind, Luft		*ddft*	– Reptilien	37
t3w.t	– Tempelraum (?); Querhalle im Grab (?)	46f.			
t3r	– Tempelraum	46			
tjs	– Ruhe (?)	43;61			
tmh	– umwenden	59f.;61			
tz.t	– Gebiß	38;44			

(m)-dj für *(m)-dr*	– wenn; als	5
dw3	– lobpreisen; geschrieben	43
dw3w	– Hymnus, Anbetung; in: *h3tj-ᶜj m-dw3w*	26f.
dw3w-Hᶜpj	– Hapi-Hymnus	29;32f.
dbh.w	– Geräte	15